聪明投资之道

［英］斯蒂芬·克拉彭（Stephen Clapham）◎ 著

张慧莲 ◎ 译

中国金融出版社

First published in English under the title The Smart Money Method, ISBN 9780857197023.

Originally published in the UK by Harriman House Ltd. in 2020, www. harriman-house.com.

Copyright © Stephen Clapham

北京版权合同登记图字 01-2022-4194

责任编辑：陈　翎
责任校对：潘　洁
责任印制：程　颖
装帧设计：吕颖设计团队

图书在版编目(CIP)数据

聪明投资之道 / （英）斯蒂芬·克拉彭（Stephen Clapham）著；张慧莲译. — 北京：中国金融出版社，2023.4

ISBN 978-7-5220-1947-5

Ⅰ.①聪… Ⅱ.①斯… ②张… Ⅲ.①投资 — 通俗读物 Ⅳ.① F830.59−49

中国版本图书馆CIP数据核字 (2023) 第054395号

聪明投资之道
CONGMING TOUZI ZHIDAO

出版
发行　中国金融出版社

社址　北京市丰台区益泽路2号
市场开发部　(010) 66024766，63805472，63439533 (传真)
网 上 书 店　www.cfph.cn
　　　　　　(010) 66024766，63372837 (传真)
读者服务部　(010) 66070833，62568380
邮编　100071
经销　新华书店
印刷　保利达印务有限公司
尺寸　155毫米×235毫米
印张　16.25
字数　224千
版次　2023年4月第1版
印次　2023年4月第1次印刷
定价　58.00元
ISBN 978-7-5220-1947-5

如出现印装错误本社负责调换　联系电话 (010) 63263947

致：马克斯和芬恩

目标远大
迈出第一步
祝君愉快

 | 前言
Preface

本书内容

本书将展示我对投资生命周期的研究过程，包括最初想法的产生、触发购买股票的动机、跟踪股票的方法以及股票的卖出时机。本书内容丰富，涵盖公司质量评估、公司估值以及如何使所选股票契合整体投资组合等。本书在投资理论方面笔墨不多，原因是我认为这些理论对试图在股票市场赚钱的人而言作用有限。投资实为一门常识，投资学的内容却局限于理解一些估值倍数和财务比率（这些我也会解释）。

我尽量不在本书中使用行话套话，也不使用复杂的技术。

本书为谁而作

本书适合任何经验水平的投资者阅读。或许，中等水平的投资者阅读本书最合适不过，就如那些在滑雪中已经开始做平行转弯动作的人那样的水平。但即便是纯粹的初学者也会发现本书的内容很容易理解，我也希望诸多经验丰富的专业投资者能从中发现一些可以帮助他们提高投资水平的内容。

本书的结构

本书按照我研究过程的时间顺序来写。我从寻找一只股票的想法开始着笔，所以，首先我会介绍一些投资方法。其次，我会解释验证假设的方法——我通常认为某样东西值得购买是因为一个特定的原因，所以我会验证它的有效性。再次，我将阐释如何评估公司及其商业模式，如何评价其财务表现，以及如何给股票估值，然后才是如何做出最终购买的决定——包括购买数量和购买价格。

最后，我将介绍跟踪投资的方法，包括监测宏观经济环境，以及决定何时卖出股票。

在本书末尾，我将谈及对新冠疫情如何改变我的投资方式的一些思考。

导言
Introduction

挑选能赚钱的股票是每一位投资者最关心的事。毫无疑问，成千上万个财经新闻稿都声称能实现这一目标，但其中有些公司恰好是由一些失败的对冲基金经理们运营的。我本人也曾是一位对冲基金股票分析师。

本书的不同之处在于我不会给你提供选股建议。相反，我会提供一种方法，它将帮助你掌握选股技巧，同时介绍一些能帮你找到优秀股票的工具和技术，并在市场中取胜。

找到正确的方法和过程是成功投资的关键。在本书中，我会谈及当我作为一名对冲基金分析师时进行投资分析的过程，那会儿我的投资仓位经常超过1亿美元。当你参与如此巨额的投资时，当然有必要进行大量的尽职调查，这便超出了一般投资者的能力。好消息是，就像帕累托法则适用于大多数类似的努力一样：20%的投入会让你获得80%的产出。这对于99%的股票决策来说已经足够好了。此外，我还会向你透露专业人士评估投资的一些窍门。

或许，你很想知道我为什么有资格撰写这类书籍。我曾担任多家投资银行的分析师，每年都被投资者评为行业前十名。而后，我与我的一位客户合作，成为两家总部位于伦敦、价值数十亿英镑的对冲基金的合伙人和研究部门主管。我曾挑选过国际股票，并为一家价值50亿英镑的财富管理公司管理投资组合。如今，我经营一家机构分析师培训公司（也是一家在线投资者学校），为英国一些最大、最成功的投资机构培训分析师。

对于我的一部分客户，我也会做定制研究。2019年，有人打电话给我让我审查李嘉诚控股的香港上市集团长江和记实业。这件事情非常复杂。我的客户（一个由40名分析师组成的团队）既没有时间也没有司法技能来开展如此深入细致的分析。

当时长江和记实业公司的股票价格看起来不高——市盈率仅7~8倍，已经属于很低了。长江和记实业还拥有一些很棒的资产：位于香港和世界各地的港口，还有像英国水务公司（Northumbrian Water，一家受监管的英国公用事业公司）这样的安全资产，以及一系列可再生能源电厂资产。吸引我客户的还有其他有利因素，如：

- 李嘉诚是一位亿万富翁，也是世界上最成功的商人之一。
- 如果就控股公司拥有的许多资产单独询价，其报价总和可能是母公司的两倍到三倍。
- 该集团公司在各地、各行业的利益分布广泛，因此，在经济低迷时期该集团公司具有很强的韧性，因而可以降低投资风险。

当时，长江和记实业在香港上市，香港当地发生的动荡是削弱其估值的一个因素。那我的客户能否以折扣价购买到这种高质量的国际组合资产呢？他们自然是很感兴趣。市场不喜欢这只股票难道是因为它在香港上市吗？但是公司的业务并未显著受到当地局势的影响。于是我被要求找出答案。

对于一家复杂的新公司，通常我会进行初步审查以确定工作范围，并与客户达成一个工作框架，这可能需要花费数小时或一整天。但是不到四个小时，我就给客户发了邮件，建议他们放弃此项目。

原因何在？我为什么反应如此迅速？

答案其实很简单。我发现长江和记实业使用了复杂的所有权结构，这导致其巨额债务（超过100亿美元！）竟然不在集团公司的资产负债表上。它表上的债务负担比实际情况要低很多，使其估值看起来比实际情况更有吸引力。

我能很快就发现这一点是因为过去25年间我一直在做研究。这也是本书要讨论的主题。有时，当一项业务非常复杂时，它就像不带武器的侦探工作。但大多数时候，研究工作是简单易懂的。

在本书中凝结的经验是我花费了数千个小时阅读了数千份上市公司的新闻稿和年报，参与了无数次公司管理层会议，读过大约数万份的研究报告得来的。当然，我投入的时间早在多年前就已经超过了马尔科姆·格拉德威尔（Malcolm Gladwell）推崇的，成为一名专家所需要的10000小时。我希望这本书能让你避免犯同样的错误，也不必花费跟我一样多的时间。希望你在读完本书后能成为一名更加优秀的投资者。

目 录
Content

01

好投资的标准

1.1 引言

好的股票投资可以在短期或长期内跑赢市场。在我担任对冲基金股票分析师的职业生涯中,我寻找着如下类型的股票:

- 要么在18~30个月上涨50%或更多;
- 要么在牛市中下跌幅度超过20%。

诚然,当你买入(或卖出)股票时,只希望能够收获好的结果,然而实际结果总是充满波动性。从全球范围来看,可以投资的股票相当多,而类似上述的选择标准可以有效缩小你的搜寻范围。

1.2 寻找股价上涨之路

一只股票要超越(或跑赢)市场——主动性基金经理通常用市场基准来衡量其业绩表现,对冲基金经理则以绝对盈利金额来衡量其业绩表现——通常必然发生以下三种情况之一:

1. 股价必须被抬高,即市场参与者准备支付更高的收益或现金流倍数。

2. 公司必须产生高资本回报和强劲的现金流，并以同样高的回报率对这些现金流进行再投资。

3. 公司的盈利必须增加，或对这些盈利的一致性预期提高。

盼望着市场高估还是有可能实现的，但难点在于时间点不好把握。举个例子，我曾经在一只细分行业少有人问津的公司股票上寻找股价上涨的机会。另有一家发展前景不错的、与其竞争的公司恰好刚刚上市。这很可能会拉抬现有同类型公司股票。有时我们会因为一种时尚或新趋势的出现而推高股价，但这样的机会往往凤毛麟角。如果缺少这样的催化剂，投资者需要耐心等待相当长的时间才能让市场确认这是一项高质量的投资，并获得数倍的回报。除非有这种催化剂，否则我一般会避免使用这种方法。

一般来说，能高质量提供现金复利的股票是非常棒的长期投资，但通常它们的估值已经很高。近年来，普遍的超低利率和低增长使这类公司天然更值钱，也因此获得了更高的估值。这些股票更适合长期投资组合，而不是我喜欢的特殊情况投资策略。

我的研究重点一直是利用华尔街过于保守的盈利预测，寻找在两三年内盈利超过普遍预期的公司（这种盈利预期是用卖方经纪人对该公司的盈利预测取平均值而得出的）。在通常情况下，当公司业绩超出预期时，他们也乐于提高估值，这类投资因此获得高收益。相反，对于做空者，我寻找盈利可能低于预期的股票。

如果发现预测值异常的股票是一只优质股票，或者整个行业都被高估，或者有其他方面的好处，那就更好了。

这就是我在投资中所追求的目标。接下来要考虑的问题是去哪里寻找优质股票？

02

寻找投资灵感

对大多数投资者来说，最大的现实约束可能是缺时间，在有许多股票投资机会并存的情况下尤其如此（组建投资组合的时候，有成千上万只股票可供选择）。我们不可能研究一切投资机会。因此，寻找投资灵感的策略至关重要。我所在对冲基金的潜在客户——主要是咨询师和机构投资者——经常会问："你的想法从何而来?"

他们乐于听到你有一个筛选系统，可以从数学方法层面保证取得一定成功，这不足为奇。实际上，至少对我而言，虽然股票投资的有些过程是科学的，但我真正的好主意在本质上往往是概念性的。我没有一个现成的产生投资想法的公式。相反，我关注的是可能提供投资机会的领域。

尽管我的想法有时是主题性的，但通常这些想法有很强的随机性，不过它们一般会有个共同点：改变某个变量，并找出其对公司盈利的影响。这就是我的最佳投资灵感产生的过程，我将在下文中再做说明。

投资者花了太多的时间阅读今天、明天、下周或下个月将过期的毫无价值的信息，而一般不会花足够多的时间去思考更高层次的问题。并且，关注当下只会使我们分散对长期基本面的注意力。

比起担心哪家电视公司上周以什么价格被收购，更重要的是问问为什么电视行业正在整合。价格和估值一直都很重要，但我总是试图提醒自己多问问为什么和改变了多少。

我将在本章概述我的股票投资灵感产生的来源，并讨论每种来源各自的优缺点。

2.1 值得探索的领域

如果你正在钓鱼，你需要去鱼所在的地方。下面列出了一些能让我产生选股想法的来源，并按标题顺序一一讨论：

- 不对称性回报
- 自有知识
- 市场行为
- 外部资源
- 主题投资
- 宏观因素
- 随机因素

如何分类或分组并不重要，我也不太关心这些灵感的具体来源。重要的是想出足够多的点子来填充你的投资组合，并不断更新。

2.2 不对称性回报

我最欣赏的机会是那些拥有不对称性回报的机会，即上涨潜力相当大，但下跌幅度却有限（对空头而言，则正好相反）。某只股票有时会失去市场的青睐，此时需要某种催化剂——比如管理层变更之类的事件——才能让市场变得更有热情，股价才能有机会复苏。无论投资的主意是什么，无论这些主意从何而来，关键是收益与风险的不对称。

2.3 自有知识

横向思维

横向思维促成了我最佳投资理念的形成。我会接受一个好的选股主意或主题，并将其应用到不同的股票、行业或地区。以下是一些案例：

- 利德尔（Lidl）和阿尔迪（Aldi）公司摧毁了英国食品零售商的估值体系——那就让我们看看同样的事情会不会发生在澳大利亚。
- 优步（Uber）正在美国各地发展壮大——那就让我们卖掉那家为纽约出租车牌照融资的公司的股票［奖章金融公司（Medallion Financial），股票代码：TAXI］。
- 由于燃油价格降低，汽车销量有所增加，行驶里程也在增加——那就让我们买轮胎制造公司的股票，或者卖掉灰狗公司（Greyhound）[1]股东第一集团（FirstGroup）的股票。
- 油价正在下跌——那就让我们卖掉石油服务公司的股票，因为它们的收益减速将比石油公司更快、更剧烈。

依此类推，你可以产生许许多多的联想，这些思路的共同点是考虑到某变量发生的变化，然后找出它可能产生的影响。

筛选

筛选是识别估值异常和发现被高估或被低估股票的有效方法，它在人们使用非主流估值方法时尤其有效。我经常利用筛选法来过滤想法，并找出感兴趣股票的范围。关于筛选股票的话题本身就值得写一本书，网上也有许多资源。

筛选有诸多优点。对我来说，筛选的关键优势在于，它有助于将各种投资机会按照吸引力的大小分层。经过层层筛选，与许多不

---

[1] 灰狗巴士公司（Greyhound Bus Line）是北美最大的长途汽车运输公司，于1914年成立。——译者注

同的相对指标比较，找出更便宜（或更贵）、更有吸引力的股票。通常，你会发现你感兴趣的股票由于主题或微观经济原因，经过层层筛选后价格仍然偏低。这样经过多番筛选出来的股票值得备受关注。

估值只是筛选工具之一。定量（或量化）研究是另一种筛选形式。了解量化投资者目前正被哪些市场或主题（如势头）所吸引，或是他们现在不喜欢什么，有助于我们将股票归为特定的风格类型，这不仅对把握潜在投资机会大有裨益，而且对理解风险因素也很有帮助（如果这些股票最终进入我的投资组合）。

有时某只股票会落入某种划分好的主题概念股，或者是其量化分析结果看起来不错，或者是从估值筛选角度看是个不错的选择，按照这三点筛选出来的股票会被优先考虑。

个人的观察——睁大你的眼睛

彼得·林奇（Peter Lynch）是富达麦哲伦基金公司（Fidelity Magellan Fund）的传奇投资人和经理。他撰写过一本名为《彼得·林奇的成功投资》（One Up on Wall Street）的书，他在书中描述了自己如何通过观察商场里的购物者看哪种购物袋最受欢迎。

的确，当我外出走动时，我也会有类似想法。在西班牙英格列斯百货公司（El Corte Inglés）购物时，我发现意大利生产商皮切诺（Piquadro）的笔记本电脑包很吸引眼球，而我以前从未听说过这家公司。我对这家新秀丽（Samsonite）的同行公司（也是一个潜在的收购目标）很感兴趣。后来我在网上发现这家公司上市了，并准备在摄政街（Regent Street）开一家店。我想很快也会发现这款产品的伦敦对冲基金经理们会推高皮切诺的股价。事实也的确如此。后来由于我的资金有限，它的管理层似乎也不愿花时间见面，因此我没有继续跟进这家公司（见图2.1）。

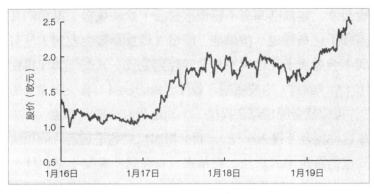

图2.1　皮切诺公司的股价

资料来源："读懂资产负债表"（Behind the Balance Sheet）森提奥数据库（Sentieo Data）。

当今世界要比彼得·林奇的鼎盛时期复杂得多。我记得我们组约分公司的一位推销员在彼得·林奇（Peter Lynch）的基金突破10亿美元大关时，跑到波士顿给彼得·林奇送了一瓶香槟。在那个年代，也就是20世纪80年代末，这种做法能让你讨好基金经理。今天情况可能不同了，因为他必须把礼物报告给合规部的同事，而合规部的同事可能会干脆自己喝掉它。

令人惊讶的是，个人的观察如何能够频繁带来丰厚的回报。20世纪90年代，我曾关注过英国的公共汽车公司，其中三家在短短几个月就收购了美国的公共汽车业务。我坐飞机去参观了一些新成立的子公司。在那里，我去过的每家餐厅都挂着"正在招聘"的牌子。

劳动力是这些业务的最大成本——显而易见，公共汽车公司在盈利增长方面面临着巨大的压力。当时，我还不知道一家英国本土公司在美国市场取得了成功。我当时写的研究报告的题目是"英国公共汽车公司西行——它会被削吗？"封面上是我1947年拍摄的一张校车的照片，这辆车被削了（车顶的柱子和车身中间被削掉了几英寸，以便降低车身）。这是我最喜爱的研究报告封面之一。

睁大眼睛是投资的首要原则之一。

其他投资者

我的一位老板有一条非常严格的规定，即不准我们与其他投资者讨论头寸。他自己却毫不犹豫地打破了这条规定，但我们其他人严格遵守了这条规定。结果是，经纪人创意晚餐会遭到了反对。经纪人偶尔会邀请十几位对冲基金经理到伦敦一家豪华餐厅用餐〔圣詹姆士（St James）的波丽斯汀餐厅（Boulestin）有一间完美的私人包厢〕，每位基金经理都会提出一个想法和对市场的看法。

在这种场合（极为罕见），我会提出已经被老板否决的想法，或是我知道他会拒绝的想法。我从来没有在这些晚宴上学到什么好创意（我也不担心，因为我总是有很多想法），但这些晚餐会很有趣，你可以开怀大笑，结交一些投资界的朋友，看看当时的主流情绪是什么。

这类活动现在已经逐渐成熟，且变得相当复杂了。我最近接触到的信息来源越来越少，这些活动因此变得更有价值。花些时间与投资界同行共进午餐或喝杯咖啡通常是值得的，因为你们可以交流想法和问题，补充你对某只股票或行业的认识。你可能不会简单复制某位朋友的头寸——尽管最优秀的投资人总是以一种不可抗拒和令人信服的方式阐释他们的投资理念——但它是一块可以激起新思想的沃土，而且你时常能从别人的方法或观点中学到一些东西。

良好的人际关系

我很幸运地结识了许多来自各行各业的朋友，与他们交谈往往能让你了解市场中不明晰或未知的领域。一个朋友说他们的商店无法买到足够多的某种产品，于是我可以追溯到生产该产品的公司，甚至是上游的机械供应商的股票。

零售商可以告诉你他们这一周的生意是好是坏，也可以跟你说他们的竞争对手是在流失顾客还是在增加市场份额。他们可以帮你从内部人士的角度了解到行业大势，或者了解公司总部的工作情绪。一位学生的母亲在英国一家顶级零售商担任高级职位。几杯酒下肚后，作为对我的问题的回应，他抱怨公司目前的士气很低落。这类趣闻轶事对做空基本面是有力的支撑。

每位亿万富豪对冲基金经理都会拥有良好的人际关系，毫无疑问，他们掌握着其他投资者接触不到的信息。

跟踪公司管理层

我通常不会基于某公司是否拥有一个杰出的管理团队来选择股票。一般情况下，这会得到市场的认可并反映到股价上，我不认为我拥有识别优秀管理团队的技能。我也认为这种策略缺乏一致性。

看看马丁·富兰克林爵士（Martin Frankli）吧。多年来，他在佳顿（Jarden）公司的股票上大获成功。他试图建立几家成熟企业（即所谓的平台公司），但很长一段时间都没有成功，无论是化工行业的平台特色产品公司（Platform Speciality Products），还是欧洲冷冻食品制造公司（Nomad Foods），都失去了股票投资者的青睐。

这是一种在垂直行业内通过收购实现增长的策略。平台特色产品公司被更名为"元解公司"（Element Solutions）。一个小建议：当你打算购买一只最近改名的股票时要多加小心——通常这标志着它在与混乱的过去告别。几年后，该股价仍未回升。欧洲冷冻食品制造公司（Nomad Foods）在2016年跌幅超过50%，尽管最近它的股价开始上涨。

我偶尔会考虑买入拥有优秀经理（通常是我认识的人）并能扭转局面的公司的股票，但它的价格必须便宜。

质量选股

另一个高收益策略是在出现错误定价的时候购买长期优质或高增长公司的股票——或者说以低估的价格购买。我会在后面的章节中更详细地探讨质量问题。

买你了解公司的股票

有些人选股的方法是选择他们很了解的一组公司，并以合适的价格买入。从这些公司里选股也许会多次持有相同的股票，坚持买你了解的公司股票真的是可能的。公开市场的吸引力在于，如果你有足够的耐心，市场的波动会让你有机会以自己喜欢的价格拥有自己喜欢的公司的股票。但这一策略需要你非常自律。

有时我会选择之前买过的股票，但这通常是因为这只股票以前帮我挣钱了。避开过去我曾亏过钱的股票并不是一条铁律——在经历过这么多年的许多错误之后，我明白这么做会限制我选股的范围。不过，我和业内许多人一样有点儿迷信。我认识的一位经理在连续赚钱的几个月里拒绝更换他的幸运股票。

基本面选股

我最大的投资机会主要来自简单的基本面看法，我可以从许多地方找到思路。与流行观点相反，好的投资理念——尤其是在大型投资机构中——通常并非源自卖方分析师群体。我更倾向于从许多不同的地方获取灵感。我将在本章的后续部分逐一讨论这个问题

2.4 市场行为

首次公开募股与私有化

我喜爱首次公开募股，因为所有市场参与者都享有平等的机会，所以很少有人会在评估股票时拥有真正的优势。私有化是非常有利可图的，因为管理层一旦获得自由，就有可能为新股东们创造可观的价值。

事实上，我在投资生涯初期主要研究私有化，当时我是股票经纪人公司的一名研究分析师，负责撰写一家即将私有化公司股票的研究报告。当时，私有化不被英国市场所理解——由于没有可比对象，政府希望以低价出售。在那个年代，只有英国航空公司（British Airways）是一项糟糕的长期投资，我当时就意识到了这一点，这让时任首席执行官的科林·马歇尔（Colin Marshall）非常懊恼。相比之下，英国机场管理局（BAA）显然是赢家，而英国天然气公司（British Gas）则更胜一筹。

世界上最成功的对冲基金公司之一——儿童投资基金公司（the Children's Investment Fund）的克里斯·霍恩爵士（Sir Chris Hohn）多次在私有化公司股票投资方面取得成功，他发现优质公司被廉价出售，管理层也摆脱了政治桎梏。他在澳大利亚奥瑞兹铁路公司（Aurizon）和西班牙机场运营商埃纳公司（Aena）的私有化，以及空客公司（政府在空客公司的作用下降）的投资中，都获得了惊人的投资收益。

公司分拆

近期走出破产困境的公司，以及新分拆公司的股票也可能是绝佳的投资机会。这些公司的管理团队具备充足的资金和追求自由独立的公司发展策略，而市场对其业务的理解还很有限。

公司分拆特别有趣，它有两种形式——从不那么光鲜的母公司分拆出一只魅力四射的成长型公司，如从麦当劳分拆出来的墨西哥连锁餐厅（Chipotle，墨西哥烟椒），或者从更为光鲜的母公司分拆出一只股价一骑绝尘的公司，如从意昂集团（E.ON）分拆出的瞻博网络公司（Juniper）。

通常情况下，分拆公司的股票会落入非自然人股东手中，尤其当分拆公司的规模明显小于母公司或与母公司业务不同时尤其如此。例如，分拆可能导致在其投资组合中持有小盘股的交易所交易基金或大盘股基金的股东被迫出售这些股票。这可能会在技术上形成对股价不利的头寸，从而打压股价。关于公司分拆的文章很多，但它对我的吸引力与首次公开募股类似，因为很少有市场参与者在这方面拥有信息优势。

观察市场

市场通常会对一些事件作出过度反应，所以当市场出现快速大幅抛售时都是重新审视老股票，重新评估你以前抛弃的股票的最佳时点。诸如诉讼威胁、管理层离职、客户流失，或者最近出现的亚马逊业务中断威胁等事件都可能导致股市崩盘。公司管理层出问题则更加常见，尤其是盈利减少，这些都是重新评估股票的机会。

我比较热衷于研究此类事件对来年收益的影响。通常，在当前年份，这些股票会因未能达到一致性预期而下跌，但在其他年份下跌幅度则会小一些，耐心的投资者可以从中找到机会。

2.5 外部资源

大量阅读

我遇到的成功的投资者没有不喜欢大量阅读的。对于他们而言，了解世界正在发生什么及其对企业未来增长和发展前景的影响至关重要。

位列第一的是高质量的报纸和期刊。如果我不每天阅读《金融时报》，我就无法追踪市场。我会选择纸质读物，它特殊的页面布局方便我回忆。我在回忆中能得到我需要的一切帮助。

但是，阅读日报并不会让你产生股票投资方面的灵感。实际上，看股市报告里某只股票昨天为何上涨的讨论通常是：

- 错误的
- 会分散你的注意力
- 对你形成股票未来走势的看法并无助益

事实上，如果不看市场报告，我可能会表现得更好，但这已经成为我的习惯，我很享受。

专业财经出版物和博客更有可能会就一些专题特别是短期趋势发表看法。然而，这也会浪费你的时间，因为有的内容是陈旧的、令人疲惫的，或已经有人研究过的。我认为即使是最聪明的博主和新闻记者也很少能让你找到绝妙的投资主意。每想到一个好主意，就意味着会有更多的主意被放弃。

投资天才是罕见的。他们通常是在管理资金，而不是撰写博客，尽管也有一些博客会有启发性的内容和偶尔有用的数据。

我最喜欢看约翰·汉普顿（John Hempton）的勃朗特资本博

客（brontecapital. blogspot.com），他是专业财富管理人中的例外；本·卡尔森（Ben Carlson）的《常识财富》（awealthofcommonsense. com）；菲尔德报告（thefelderreport.com/blog）。菲尔德报告（*Felder Report*）里有一些有趣的资料，虽然我不一定认同他的所有结论。

现在有很多专业的财经类刊物。《巴伦周刊》（*Barron's Businessweek*）和《彭博商业周刊》（*Bloomberg Businessweek*），当然还有《经济学人》（*The Economist*）。这些都是我青睐的刊物。《经济学人》不是一本专业的金融杂志，但它是必不可少的商业读物（尽管其封面偶尔会是反向指标，最明显的是石油类封面的结束，表明石油价格已经触底）。

卖方经纪人

我不知道私人投资者是否会认为，专业人士只是在等待他们最喜欢的高盛或摩根士丹利分析师的最新研究报告出炉，然后所有人一拥而上。这种情况当然会发生，但这并不是取得出色业绩的好办法。

分析师，至少那些最优秀的分析师，都精于理解行业，能够帮助基金经理和投资者节省时间。但是他们通常不太擅长择股和择时。但有时，分析师的报告可以将你引向其他地方：某个主题，或者是某个上游或下游的机会。

在我看来，股票销售人员才是更好的挣钱股票主意的来源。我偶尔会采纳股票销售人员的观点，但我倾向于以不同的方式使用经纪人。我可能会从侧面采纳想法、看待问题。比如，如果一家生产商在美国的价格正在回升，我就会考虑是否要做空它的客户公司的股票，或者考虑是否买进其欧洲竞争对手的股票。我将在本章后面运用横向思维加以阐述。

一般来说，超大型投资银行擅长提供广泛的研究报告，方便进行跨境比较、就资金流动（资金是在流入还是流出市场）给出反馈以及经济分析。区域性或本地经纪人通常更善于在自己的市场中寻找股票投资机会，并传递一些小道消息，这一般只是市场上的八卦而已。

经纪公司的分析师最重要的服务是预测。所以我的一项重要工具就是寻找共识中错误的地方。下文我将会解释我是如何通过深度挖掘单个分析师的预测来解构这些共识的。

独立研究提供商

近年来，由专业研究提供商组成的一个新行业诞生了，该行业包括个人策略师或行业分析师，或者由经济学家和策略师共同组成的团队。前者有才华横溢的埃德·亚德尼（Ed Yardeni），他提供详细的、有大量统计数据支持的每日市场动态总结。后者有像斯特拉特格斯（Strategas）这样的企业，它们提供每周摘要，包括技术分析以及涵盖不同主题的有趣的股票组合。该阵营还包括尼德-戴维思（Ned Davis），它拥有庞大的统计数据库，对经济状况和市场的长期趋势有深刻的了解。

以上均为美国企业。在英国，安迪·里斯（Andy Lees）建立了宏观战略伙伴（Macrostrategy Partnership）公司；彼得·沃伯顿（Peter Warburton）则有经济视点（Economic Perspectives）公司；我认为分析家（The Analyst）提出的投资思路不错，尽管我从未使用过它的服务。在像罗素·纳皮尔（Russell Napier）的电子研究交流（ERIC，Electronic Research Interchange）等平台你还能获得更多思路，这些平台出售单份研究报告。罗素是一位杰出的经济学家和战略家，他对世界的理解让我受益匪浅。

专家思想交流

专家们进行思想交流的活动有很多，专业和业余分析师可以在交流中向更多人传递想法。一些参与者（他们通常被要求每年发布一到两次研究报告）可能是非常有能力的分析师，但其质量参差不齐。在撰写本书时，最著名的要属零和（SumZero）投资社交网站。我觉得他们的思路对我来说不太有吸引力，因为他们的研究通常偏向于深度价值投资，或小盘股和流动性差的股票。

2.6 主题投资

像能源效率或人口老龄化这样的主题往往会带来一些投资机会。但问题是他们通常言过其实，上涨空间有限。我将它们分为策略主题和结构性主题；后者有时与人口统计学有关。

策略主题

策略主题的范围很广。比如：

• 商品价格波动：当油价下跌时，可以卖掉石油服务公司的股票。但其二次效应通常才是挖掘投资机会最有效的地方——这类似于投资格言："在淘金热中，要买铁铲制造商的股票"所讲的道理。

• 宏观经济变量的变动：比如，如果认为美国将出现劳动力成本推动型的通胀，则可做空餐饮业的股票（其劳动力成本/销售收入之比较高）。

• 地缘政治前景的潜在变化：比如，2015年，我在听了尼尔·弗格森（Niall Ferguson）的一场演讲后，意识到奥巴马政府更重视国内，而人们认为下一任美国总统可能会更加重视对外关系。国防开支的预期增长可能会引导我投资国防类公司的股票。

• 可能的政策变化：比如，当各国央行在利率和量化宽松政策后再无货币政策选择时，各国政府就可能增加基础设施方面的支出。

2017年，发达经济体——尤其是美国——正处于传统的经济周期后期。由于预计基础设施开支会增加，因此买入那些股价上尚未完全体现这部分利润的建筑公司的股票可能是一项收益颇丰的策略。我之前就用此方法选择了爱尔兰建筑集团公司（CRH）的股票，它的表现果然异常出色。事实上，从我第一次推荐它之后的18个月里，它上涨了60%以上。我把其中一部分利润存入银行；当预期的进一步上涨未能实现时，我平仓了剩余的头寸（见图2.2）。

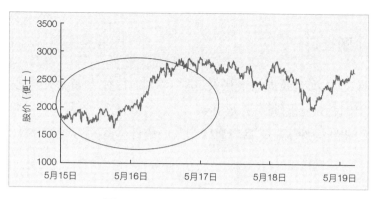

图2.2 CRH公司股价上涨的后期

资料来源："读懂资产负债表"（Behind the Balance Sheet）森提奥数据库（Sentieo Data）。

结构性主题

结构性主题的影响期限更长，当它们与几乎不可阻挡的潮流结合时，可能是特别好的投资机会。日本或美国的老龄化就是例子。老龄化很有可能催生出更多对助听器、假牙、养老院等的需求，同时这部分人口将会减少开车时间，减少消费，总体上他们对经济和股市的积极推动作用将会减弱。然而，投资主题是显而易见的，股票价格通常也会反映出这些众所周知的趋势。这并不意味着相关股票不会带来出色的长期回报，只是它们无法实现我的超高回报目标而已。

我更倾向于关注那些有相似的主题，但由于种种原因其股价涨幅较小的股票。众所周知，水是一种全球范围内正变得越来越稀缺的资源——水的使用量太大、浪费太多，蓄水层正在枯竭。但这是投资的沃土。

然而，与水资源相关的股票表现普遍不佳。一些对水资源敏感的股票很可能发现在长期内对其产品的需求显著增加，人们可以比助听器等公司低得多的估值购买这些股票。这些公司在技术敏感的领域经营，它们处在一个竞争激烈的行业。

例如，我发现该领域中的一个投资项目，我认为它极有可能被一家中国企业收购，因为它的产品可以更有效地利用农业中稀缺的水资源。

地缘政治主题

地缘政治趋势可以形成一个主题。英国脱欧和特朗普上台事件就是2016—2017年热门的地缘政治话题。在观看了2017年特朗普的就职演讲后，我的研究报告只有一个重点：保护主义。

于是，我对哈雷·戴维森（Harley-Davidson）[①]公司的热情更加高涨了：

• 哈雷30%的产品用于出口，任何拓宽征税的政策都能使其获益。

• 如果不通过税收来惩罚进口，它们可能会面临直接关税。这将会对哈雷在日本和欧洲的竞争对手造成影响。

• 尽管劳动力成本可能会上升，但哈雷应该会从美国工人可支配收入上升中获益。

• 同样，小企业更高的乐观情绪可能会带来消费者信心的增强和销售收入的提高。

• 如果特朗普竞选成功，美国民众会更加偏爱本国的产品。

其实，我从未翻开哈雷的10-K报告。我认为电动自行车、日本的竞争以及钢铁成本的上升等风险都是肉眼可见的，而且已经反映在其低于市场的估值倍数中了。我已经将其列在我的关注股票清单里，但幸运的是，我还未开展进一步的调查，该公司的股价就下跌了，主要原因是投资者担心其在欧洲的销售将受到欧洲对美国汽车及相关进口产品征收关税的打击——在我最初的分析中，我本应对这个风险因素给予更高的重视。

高度主题化投资方式

有些投资者采用的是高度主题化的投资方式，这可能存在风险，因为你可能不得不为主题的过度宣传付费。但这也是帮助构建投资组合、引入投资多样化和寻找投资机会的好方法。我发现的最

[①] 哈雷·戴维森贸易有限公司是创办于1903年的美国世界顶级休闲摩托车品牌公司。——译者注

佳范例要属克拉斯凯特资本（Crescat Capital）[①]对冲基金，该公司公布了他们在构建投资组合时遵循的主题。根据这份报告，他们选择的主题如下：

- 老龄化
- 亚洲金融风暴
- 澳洲债务危机
- 广播拍卖
- 美国消费者的回归
- 欧洲的分裂
- 美联储的温和策略
- 美国财政刺激政策
- 全球法定货币贬值
- 新的油气资源
- 通货紧缩峰值
- 机器人的崛起
- 安全与防护
- 公共事业的衰退

基于大量的主题和如此独特的混合结构，他们可能会设计出一个高度差异化，且复杂的拥有广泛风险头寸的投资组合。我怀疑他们对每个主题的专注程度都是有限的，这与我的方法恰好相反，但这也是一个非常有效的方法。他们还擅长设计巧妙的标题！

2.7 宏观因素

商品价格、汇率或其他投入成本的变动对公司盈利的影响可能远远超出了某商品的直接生产商。收入增长因素的变化——例如，入境游客数量的变化对酒店集团的影响——可能也会对其他公司产生类似或更大的影响。要去预期其走势或者走在市场前面的难度很

---

① Crescat Capital是美国著名的全球宏观对冲基金公司。——译者注

大，但这往往是最佳的投资机会所在。

奇怪的是，我偶尔会坚信要么油价会出现调整或反弹，要么煤炭或铁矿石的价格会出现类似的波动。由于需要多重投入，以及受天气的影响，农产品的价格变化更是难以预测，大宗商品价格也特别难估计。

在如此脆弱的基础上进行投资实际上是投机，例如，没有什么好方法可以提前预期到石油价格的波动。同样，汇率的变化可以带来有吸引力的投资机会，在我看来，这是对股价影响最大的单一宏观因素，但人们的确很难始终预测正确。

即便如此，我们有时仍能相信一家石油服务设备公司的股价已经非常诱人，油价（或至少是钻井活动）更有可能上升而不是下降。如此一来，你便可以作出合理的押注。因为你知道，如果油价或钻探活动没有立即发生转向，你所购买的股票至少有了一定的价值保障。其中潜在的涨幅通常足以回报你的耐心等待。

2.8 随机因素

利润预测错误的随机性机会

优秀的分析可以创造市场上的信息优势，主要目标是找出被市场低估或高估的拥有中长期盈利机会的公司股票。

寻找这些机会的诱因包括：公司需求变化、投入成本的变化（如油价和航线），以及其他类似的因素。与关键供应商或客户关系的变化可能会暴露出潜在的问题，而关键部件的短缺可能会进一步导致供应链出现严重问题。

2016年，空客的首席执行官评论说A350是一架非常复杂的飞机，他没有想到会因为厕所门供应不足导致生产遇阻。他们的唯一供应方是卓达宇航集团（Zodiac），由于该集团遇到的制造问题导致整个飞机交货延迟。供应商的问题明显给下游企业带来了麻烦。虽然短期内影响巨大，但公司的长期盈利能力却不一定会受到影响（见图2.3）。

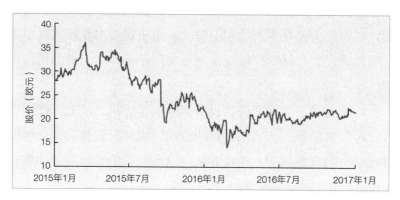

图2.3　2015年法国卓达宇航集团展现出其短板

资料来源："读懂资产负债表"（Behind the Balance Sheet）森提奥数据库（Sentieo Data）。

与此类似，外部事件（如设备故障）在单个财务年度内产生的影响有时会形成不错的买入机会，因为短期收益受挫会导致股价下跌，但公司的长期收益潜力并不受影响。汇率是影响国际市场股票走势的最主要的宏观因素之一。空客对欧元兑美元的汇率就非常敏感，因为该公司持有大量欧元资产，出售美元计价资产。2015年至2017年，新兴市场的许多客户因本国货币对不断走强的美元贬值而处于不利地位。

了解正在发生的事情只是第一步。确定关联影响，选择最合适的炒股思路才是真正的投资之道。

临时起意

通常，人们需要花费大量的时间和精力去找到投资思路，甚至需要更长的时间去验证，但偶尔它们也会毫不费力地冒出来。有人说了一些事情，你便有了想法，而且你知道自己是对的。在我的买方投资生涯中，这种情况发生过几次，结果非常令人满意。

一家公司曾在一个大型投资者会议上做汇报。这是一家规模相当大的公司，当时正向该地区以外的全球投资者汇报，但会议的出席人数并不多。该公司的投资者关系主管站起来说："我们的流动性很充足。"在这样的场合下说这些话可不是什么好事，因为如此一来，市场反倒会担心该公司的流动性——尤其是在他们的论点（它们有足够的流动性）相当不具有说服力的情况下。演讲结束后，我与一位对冲基金经理交谈，他告诉我他在做空这只股票，而公司的另一个竞争对手的情况甚至更糟。于是，我从容地给我老板发去一个优先阅读级的短信。

另一个场合有点儿讽刺意味。这次的演讲者是一家即将上市的集团的基金经理。他在一次经纪人交流晚宴上透露了自己公司持有的某只股票；他认为有必要这么做，这件事引起了我的怀疑，而他的支持论据是如此无力，因此我相信这只股票会被市场做空。我将此事报告给公司，尽管我的同事们当时不是特别相信我，但一年之内该股暴跌了。

做多股票有时非常简单，你可以很快发现被低估的股票。在我参加投资会议的时候，这种情况发生过几次。你所需要做的就是倾听！

某中东公司在骑士桥（Knights Bridge）附近的一家豪华酒店对新兴市场投资者做报告。首席财务官站起来解释说，他认为公司股价应该值超过当前股价的5倍。我们回到办公室后快速调查发现，有外部分析师给了3倍于股价的估值，而且如果该国经济形势继续保持良好，长期估值还会高得多。我们买了这只股票，后来它翻了一番；当经济形势看上去开始令人担忧时，我们卖出了该股票。

最近，PPHE酒店集团的首席财务官在我们为高净值私人投资者举办的投资者论坛活动中做汇报，他曾经是哈德曼公司（Hardman & Co.）的客户（我曾是该公司股东，偶尔还担任其分析师）。他向投资者解释了股价、资产价值和他们的开发项目——从其开发项目来看，显而易见，这处房产的价值是目前股价的两倍。令人恼火的是，当时我们的合规规定不允许我投资，但我们有很多客户赚了大钱。从那时起，该股股价几乎翻了两番（见图2.4）。

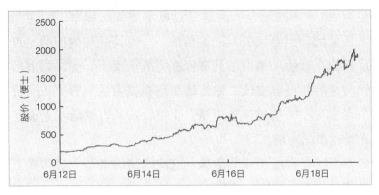

图2.4　PPHE酒店集团公司的股价

资料来源："读懂资产负债表"（Behind the Balance Sheet）森提奥数据库（Sentieo Data）。

顿悟时刻

有时候，一个想法并不是瞬间产生的，而是种下一颗种子，然后在某个时刻突然茅塞顿开！2016年9月，我参加了一家大型公司的一系列午餐会。他们的分析师谈到对各自行业的看法。我对欧洲媒体行业尤其感兴趣，因为我过去曾买过WPP和天空电视台的股票。

这位分析师出色地介绍了他所在领域的各个行业（和股票），他对音乐流媒体业务的看法引起了我的兴趣，他认为该业务对法国大众传媒集团威望迪集团公司（Vivendi）有积极作用。像声田（Spotify）公司①这样的音乐流媒体应用软件每月向用户收取10美元或10英镑的费用，平台会立即将其中60%支付给唱片公司，另外10%给发行商。剩下的30%是他们的毛利润，他们拿这些毛利去做广告以招揽客户，开发出新的服务。

这位分析师解释说，在他对威望迪公司的分类加总计算中，音乐收入为100亿美元，这让它的股价相对变得非常便宜。威望迪的子公司环球音乐（Universal Music）在全球的市场份额超过30%。与电影不同，音乐的吸引力在于用户可以反复收听，而声田公司（Spotify）及其同行则是根据总收听时间向唱片公司付费的。

---

① Spotify是2008年10月在瑞典首都斯德哥尔摩正式上线的正版流媒体音乐服务平台，在中国台湾的公司注册名是"思播有限公司"。——译者注

我在回办公室的路上一直在思考此事。我对声田公司（Spotify）略知一二，因为我曾帮助一家财富管理公司审核过它的股票配售。当我坐在办公桌前时，我做的第一件事就是看声田公司的估值。在2015年7月配售时，声田公司的估值为85亿美元。但从那时起，其付费用户的数量急剧增加（见图2.5）。

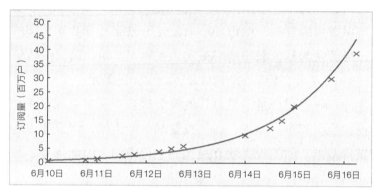

图2.5　声田公司（Spotify）付费用户订购量

资料来源：《公告牌》（*Billboard*）。

同样地，即使考虑到独角兽公司（指估值超过10亿美元的非上市科技公司）估值普遍降温，同时声田公司的市盈率较高，声田公司的估值也应该远远超过100亿美元。当然，我当时并不知道这种估值在多大程度上受到当时那些花哨的投资条件抬升的影响；硅谷已越来越普遍地使用这些条件来保护新加入的投资人免受该公司后续以更低价首次公开发行股票的损害。我认为这可能是影响声田公司估值的一个因素。

尽管有这些保留意见，但我对声田公司的粗略估值与卖方分析师对威望迪音乐业务的估值相似。仅从流媒体业务上，威望迪就占了声田公司收入的20%（支付给唱片公司的60%的1/3），而声田公司的毛利率为30%——而且它没有增加新的成本。声田公司当时实际上是亏损的，因为它的成本超过了销售收入的30%。

威望迪不仅会从声田公司那里赚钱，还会从法国音乐流媒体公司迪泽（Deezer）、苹果音乐和其他流媒体服务公司那里赚钱——共计有400余家。如果固执而见多识广的风投资本家认为声田公司的估值比较准确的话，那么威望迪的音乐业务部门估值肯定比声田公司更高（声田公司必须与亚马逊、苹果和其他所有公司竞争），也肯定比分析师和市场认为的要高得多。

用20年以及之后25年的5亿个用户进行贴现现金流分析可以证实，在支付给艺术家的那部分钱之前，这些现金流对威望迪的价值折现约为200亿美元。这是分析师预期值的两倍。威望迪的收益结构令人难以置信的复杂，而市场不愿意让它复制环球音乐公司的估值故事，尽管它的部分股份最终被卖给了腾讯。声田公司的市值最高曾超过350亿美元，但到2020年初已降至250亿美元。

这种简单的想法常常是最佳的投资机会。基本原理很清楚，估值的前提也很简单。显然，任何投资都可能出错，但只要市场误解了其定价基础，你的投资就有最大的上行空间，因此也有了最好的保障。

小结

作为一名特殊情形的投资者，我被那些收益非常高的投资所吸引，而这些投资通常风险也更高。诀窍在于找到收益不对称的公司。这些公司虽然存在下行风险，但上行的可能性要高得多；而且你有充分的理由相信，公司在基本面因素的驱动下将大概率获得正收益。

想要在股市投资中获得成功有很多途径。最好的想法总是最简单的、最快的，通常也是最有利可图的（尽管它们仍然需要尽职调查）。根据我的经验，对市场的一致性盈利前景持有不同看法几乎总是比估值异常（即股票价格出于某种原因比同类公司的股票价格更贵或更便宜）情况下的投资效果好。一旦识别出这些想法，下一步就是验证假设。

03

验证投资假设

利用上一章的方法找到了新的投资思路,下一步就是继续做研究。在本章中,我将根据以下标题讲述我的投资过程:

- 确定优先考虑的想法
- 初步检查的第一小时
- 将想法放置在情景中
- 根据机会调整工作
- 理解不同的论点
- 外部确认
- 留心差距
- 向前走——坚持还是转向

对一只股票的详细考察可能需要100个小时,甚至几百个小时,所以我们花时间研究那些可能成果丰硕的想法非常必要。因此,我将想法置于情境中,试图得到一些外部确认的信息,以此证明它值得我追求,然后计划好工作(这取决于想法的性质)。投资过程的一个关键环节是要理解不同的观点。

检验假设是一个迭代的过程。我先进行几轮研究,一遍又一遍地检查,并逐渐深入,直到所有的风险都得到恰当的评估,确认它是一项明智的投资我才会满意。

我通常会在这个研究阶段开始建立底仓，并随着我对它的了解和放心程度来增加仓位，如果我最终不能说服自己这个投资机会的优点，我就会退出。

3.1 确定需要优先考虑的想法

确定哪些想法需要优先考虑是我们检验想法的前提。这是一个非常主观的过程，很难找到可以适用的规则。我考虑的主要因素如下：

- 这只股票适合现有的投资组合吗？例如，如果整个投资组合是在做空，或者组合中美国股票的权重低于指数的权重，那么对美国股票做多就比做空更有吸引力。

- 我的观点与市场不同吗？不同的想法更有可能成功，而且一旦成功，通常也盈利颇丰。

- 对这笔投资的分析可能需要花费多少时间？这是一个关键的问题，但很难估计。我们最好避免那些特别复杂的公司，因为这需要在出结果之前进行广泛的研究。

- 潜在的收益是什么？同样，这也很难预测，但我过去的追踪目标是大赢家，所以如果某只股票看起来只有20%~30%的错误定价，我不会把它视为一个特殊情况的投资机会。

在这个阶段，你没有足够的信息来做决定，所以确定哪些想法需要优先考虑非常困难。因此，一小时的快速调查很有效，因为它会对重要性的初步评估提供充足的信息。作为一名专业分析师，我经常要观察许多感兴趣的股票。当然，决定优先级的关键因素是股价走势——股价下跌时，做多头才会更有意思。

3.2 初步检查的第一小时

在做任何研究之前，我首先会考虑流动性这一关键因素。我会观察股票的市值和每日平均交易量。如果股票盘子太小或流动性太差，世上最好的想法也无济于事。

显然，这对专业投资者来说是一个更重要的问题，因为基金公司可以投资的股票市值规模会有不同的门槛。即使对私人投资者来说，这也是一个重要因素。如果你买入流动性非常差的小公司股票，一旦发现自己弄错了，你可能很难全身而退。令我惊讶的是，许多新手投资者没有考虑到这一因素。

当我开始做买方分析师时，有人警告我不要犯这种错误。我记得在2010年，我曾与克里斯·霍恩爵士（Sir Chris Hohn）管理的对冲基金（TCI）的一位合伙人交谈。他碰巧在苏富比公司（Sotheby）工作（苏富比一度成为我个人持有最多的股票，以后又买了更多），他说因为这只股票流动性太差，克里斯不会投资它。即使是最成功的公司也会犯错误！

确保自己对流动性有信心之后，我开始浏览以下清单：

• 股价走势图——从近期和长期来看，这只股票表现如何？这是一位堕落的天使还是一只持续的优异股——价格趋势包含了所有关于股票的信息，它能告诉我市场对该股票的情绪，这是理解为什么它可能便宜的关键。

• 估值筛选——该股票的远期估值倍数是高还是低？如果初始估值很高，它会随着利润的增加而下降吗？如果一只股票增长足够快，或者能够产生足够多的现金流，即使现在看起来也不便宜，但它可能在两年后变得比较便宜。这启发了我在做研究时需要关注的点。

• 盈利预期——我喜欢观察盈利预测的趋势，看看它是上升还是下降。我喜欢买入预期上升的股票。如果盈利预测下跌，我需要确信趋势即将逆转（如果我想做多的话）。股价往往会随着估值的变化而变化，因此，如果股价一直在上涨，而估值一直在下降，这将是一个不同寻常的信号，值得我们调查。

• 历史估值——我希望能快速了解某只股票过去和现在的估值情况。现在的股价对其历史估值是溢价还是折价？有时候，如果公司的未来前景有所改善，对过去估值存在一定的溢价也是合理的。历史背景是理解变化的有效捷径。

- 根据公司的股本收益率和资本收益率来了解一家公司的类型（例如，高质量或是低质量公司），查看哪个部门在亏损，判断它的利润率处于低位还是高位。

- 确定这是否是一家高质量的企业——我将在本书第五章讨论我的标准。如果这家公司质量不高，了解它在周期中的位置是很重要的。快速查看公司较长时间内的销售增长情况。它的销售趋势是像大多数周期性行业那样波动的还是更加稳定的？销售的增长迅速吗？

- 股东——谁拥有该公司的股票通常是决定这个投资想法是否值得探究的一个关键因素。持股数量排名靠前的都是聪明钱吗（指成熟的投资人，通常是大型对冲基金）？他们是在增加还是在减少敞口？持有好公司的股票是件好事，但如果他们已经持有这只股票多年，现在正在减少敞口，而他们通常比你更了解这只股票，所以此时最好是换下一只股票来研究。在我看来，股东基础是一个被低估的因素。

- 分析师的推荐——分析师们是一致看好该公司，还是看法各异？如果除了一位分析师，其他分析师都看多，我就会对这位分析师的理由感兴趣——他为什么会看空——并开始关注空头。

- 券商的研究报告，通常我会复印6~10份对于该公司的研究报告。在理想情况下，我需要至少一份推荐买入报告、一份推荐卖出报告和一份推荐持有报告。我还会寻找一份帮我理解该公司的行业说明，一份深入细致的、最好有40多页的研究报告。如果可能的话，我会试着对大型银行、区域性券商、行业专家进行横向调查，如果条件允许，我还会阅读独立研究报告。当然，如果你在大型金融机构工作，有机会接触到广泛的研究报告，这就容易得多。尽管这对私人投资者来说比较困难，但互联网上有很多免费的研究报告。我在网上搜索到的评论看多和看空的都有。或许并不令人感到意外的是，互联网上免费提供的悲观评论比我在大型银行的专业研究报告中看到的要多。

- 至少阅读一份持相反观点的报告，这一点至关重要。这对于看多的研究报告来说，可能更加困难，因为通常提出卖出建议的报告就非常少见。当我还是一名卖方分析师时，我总是对卖出的想法更感兴趣。如果我找不到任何最近卖出的建议，我甚至会读一份18个月前的报告，以便我能理解相反的观点。

通读完上述材料之后，我再决定是否有必要继续研究这只股票。我经常浏览感兴趣的上市公司的网站，特别是它的投资者关系页面，最近我开始看推特上是否有什么特别的角度。我可能会打印公司财务报告或10-K报告，我也可能会关注一些特别感兴趣的内容，这取决于是什么吸引了我对该股票的关注。

对于无法访问彭博网站或类似系统的私人投资者来说，这个过程显然更加困难。但我们仍然可以从一些免费网站上查看图表，看其历史销售和利润率趋势进行估值，并在寻找埃尔法（Seeking Alpha）这样的网站上浏览对该公司正面和负面的评论。我们还可以从基金经理写给投资者的信或博客中找到评论，这在这个阶段真的会很有帮助。

对于美国股票，有很多网站提供上市公司股东的信息（基金公司必须在美国证券交易委员会那里公示其持股情况），上市公司的推特账户偶尔也会提供一些有用信息。公司的投资者关系网站通常会发布近期的投资案例介绍。

你不需要也不应该在你刚有想法的时候立即进行全面深入的研究。研究是一个迭代的过程，应该随着你对公司的了解和安心程度的增加而增加你的仓位。

3.3 将想法放入具体情景

一旦某个投资想法通过了我的初步审查，我就会考虑股票的上涨/下跌关系，并试着把它放入某种情景。为此，我会考虑以下几点：

- 宏观环境
- 市场心理
- 微观环境
- 股票的合适类型

- 投资期
- 信息优势

宏观环境

这只股票是否具有它该有的经济特征？这是一家防御性公司还是周期性公司？这并不是说，当我们处于经济周期后期时你不能购买周期性公司股票，而是说，估值必须降低才能弥补风险。

市场心理

我们处于经济周期的哪个阶段？这只股票是否符合当今世界的主流？这不一定是从经济角度得出的观点。比如，如果这是一家收购公司，而另一家类似的收购公司刚刚破产，那么将其列入观察名单可能比现在就花时间研究它要好。

股票市场的流行趋势，无论在现实世界看来多么虚假，都会在很长一段时间内影响股价的表现。有些人可能认为这只是临时的影响因素，但投资者必须现实一点儿——在公开市场上，你需要知道该股的下一个潜在买家如何看待当前情况。当然，基本面最终总会显现出来，但股票上涨必须有新的买家，如果逆势而动，则需要更长的时间等待，也更难赚到钱。

微观环境

该行业目前有吸引力吗？它会保持这种吸引力吗？买不受宠行业的股票可能是一个好策略，只要你有理由认为该行业不会无限期失宠。

股票的合适类型

这是一个由创始人主导的公司吗？如果是这样，它是一个可靠的长期投资机会吗？还是一只自己不赚钱的概念股呢？它属于收购平台/连环兼并公司吗？

股票的特征很可能决定了投资期限和研究工作所需考察的范围

（这个主题我稍后会讲）。

投资期

是否有一种催化剂决定了你对某只股票的研究必须迅速完成，或者感兴趣的点太多增加了快速完成研究过程的压力？也许你应该先建一个小仓位，然后随着研究工作的展开再逐渐加仓。

如果这是做空的投资，是短炒（短期持有）而非结构性空头（一种利用长期主题，持有数年而非数月的空头投资策略），那么就不需要耗费太多研究时间。

信息优势

虽然最大的信息优势来自详细的分析，但这些优势也可以以各种形式呈现出来。

还有用其他的方式来思考这个问题，特别是，你对这些想法进行归类的方式。比如，独立研究机构Ahead of the Curve就将其研究报告分为三种情况：

1. 非共识想法——"大多数投资者都是一种想法，但我们的想法不同"。

2. 投资的争议——"投资者在这个话题上尚存分歧，未能达成共识，我们希望表明立场"。

3. 当投资者需要更深入地关注一个他们迄今尚未完全理解的话题时，这将成为推动某一特定板块股票价格变动的关键因素。

美国知名财富管理经理兼博主菲尔·胡贝尔（Phil Huber）认为，市场有三大优势：信息优势、分析优势和投资期优势。他认为大多数投资者几乎不可能拥有信息和分析的优势，而私人投资者应该重点关注投资期优势。专业投资者倾向于进行短线投资，这就给了长线投资者优势。

施拉哈·科哈特卡尔（Sheelah Kolhatkar）在关于赛克资本（SAC Capital）投资的书中描述了赛克资本内部人士定义的三种信息优势。白色代表合理的专家见解，灰色代表公司高管在业绩公布前给出的提示，黑色代表内部消息。在公司内部，他们用1~10级来定义置信水平。

我认为拥有信息优势是非常罕见的，我不会在灰色或黑色的领域进行交易，如果我拥有真正的信息优势，我会马上行动，然后再展开研究。

关于信息优势的一个很好的例子是一家在伦敦上市的矿业公司。该公司在东欧拥有一座煤矿和一家电力公司，成为铬铁合金的垂直一体化生产商，铬铁在其上市时非常受中国欢迎。铬铁生产是能源密集型工业，全球范围内大部分铬铁生产都在南非。南非国有电力公司艾斯克（Eskom）为其债务投资者安排了一次电话会议，首席财务官透露，为了给一项重要的产能扩大资本投资项目融资，政府已批准将电价提高35%。这意味着南非铬铁成本大幅上升，进而导致其市场价格大幅上涨，从而使这家东欧矿商的盈利能力提高一倍以上。

然而，在那次电话会议之后的几天里，这家矿商的股价几乎没有变化，这表明信息优势确实存在。其他投资者尚未注意到有关铬铁生产成本增加的公开信息。随后，它的股价在下跌之前，较其发行价格翻了两番。

如果我不知道我的信息优势是什么，我可能就没有信息优势。我发现问自己是否对某公司的某些方面及其股市估值持有非共识的观点是很有帮助的。我的想法与市场有什么不同之处？这是我研究的重点，因为我无须花太多的时间研究被共识接受的问题。

3.4 根据机会调整工作

这个准备阶段的目的是确保你要研究的股票与其优先度足够匹配。评估不是"一刀切"的过程，评估工作应根据投资的类型和规模以及可能的投资期限展开。分析马克龙当选法国总统后哪些股票将受益的深入细致研究或调查毫无用处，除非这项工作能在马克龙当选前完成。

如果它是一只优质的、可以长期持有的公司股票，我会在商业模式、销售和利润率的长期前景方面做更多研究。如果它是一家陷入财务困境的公司，我会在其债务、债务期限和资产价值方面开展更多的研究工作。

投资的性质决定了研究的重点——你不需要在每种情况下都做所有的事情。当然，有一些事情是你无法忽略的，或者是需要你承担风险的，比如现金流预测。

3.5 理解不同的论点

在这个阶段，很好地理解反对的观点是非常重要的。如果你买一只股票，你需要对熊市比牛市有更好的了解。

我曾与一位基金经理共事，他邀请高盛的一位分析师为我们已经持有的某只股票做多方分析。我不明白会议的意义，我提议我们最好还是听听对处于熊市的股票的分析。基金经理没有理解，但在我看来，你能从熊市学到的东西明显要比从牛市学到的多得多。

美国对冲基金投资人大卫·艾因霍恩（David Einhorn）对这个问题有过很经典的评价：当你购买一只新股票时，你不知道交易的对手方是谁。这个人很可能比你更熟悉这只股票（也许是艾因霍恩过于谦逊），所以你需要拥有股票分析方面的优势。你可能是从一个内部人士那里购买股票，或者从一个持有该股票多年、比你更了解它的人那里买来的。所以，理解相反的观点是很有必要的。

你可以通过与同事和其他投资者讨论你的想法来加深理解。这种对话是有益的，因为其他投资者可能会发现报告中存在的遗漏，或有一些有益的外围知识——他们可能遇到过扮演不同的角色的公司首席执行官或首席财务官，可能持有积极或消极的观点，这将加强或否定你的想法。

我认识的许多私人投资者都参加过某个投资团体或俱乐部，在那里他们与其他投资者分享看法，同时讨论某只股票的价值。这是检查你的投资思路的好方法。

3.6 外部确认

验证假设也需要来自外界的确认。这可能会从研究阶段的早期就开始，也可能会在整个研究过程中一直持续下去。我喜欢多渠道展开研究：

- 竞争对手，尤其是非上市公司
- 贸易供应商
- 客户
- 资本设备供应商
- 业主，特别是机场和工厂的零售商场
- 行业顾问和其他专家，我们可以通过像格理（Gerson Lehrman）

和科尔曼研究集团（Coleman Research）等专家网络找到他们

竞争对手

竞争对手显然是上市公司信息的重要来源——上市公司的高级管理人对其竞争对手的评论总是很谨慎，但是低级别的管理人员通常开放得多。其中最好的信息来源是销售员，因为他们对竞争对手产品和客户的态度非常了解。另外一个渠道是公司的研发机构，因为他们能提供一些竞争对手的技术质量信息。我发现，最好的信息来源是私人公司之间的竞争，他们无须争对错，可以为你提供对上市公司最开放和诚恳的评估意见。

贸易供应商

供应商是另一类有用的确认渠道。他们可以是零部件供应商，也可以是服务供应商。他们可以对库存问题、销售线的快慢问题给出早期预警，他们通常非常了解客户。一些公司采购部门令人生畏（如以前的英国超市乐购），另一些公司则因技术卓越和标准严格（如许多石油公司）让人敬而远之，供应商会给你留下对公司管理质量的好印象。

我在维珍航空（Virgin Atlantic）公司开往机场的中型客车上了解到服务供应商的重要性。司机告诉我，由于他们的一个主要客户（一家航空公司）推迟支付账单，他和他工作的公司陷入困境。那家无力支付公司费用的航空公司显然陷入了困境，事实上，这一消息在几周后公之于众。但我有幸在此之前就得到消息。

客户

客户显然非常熟悉产品的质量和自己的价格弹性。问问他们为何偏爱某家公司的产品而非别的公司的产品会很有启发性。这在我所关注的企业对企业的电子商务模式（B2B）环境中尤其有帮助，因为这些产品的细节规范超出了我的技术能力。

资本设备供应商

资本设备供应商通常可以提供对目标公司不同的见解。优秀的公司对资本支出的控制很严格，并执着于回报。对于提高收益而言，从资本成本上省钱和从生产过程或原材料中节省成本是一样有效的。经营工厂效率低下，或者设备升级失败，都可能是公司面临压力的迹象，也可能是一旦发生管理层变更就能迅速取胜的征兆。

2016年8月，当我在欧洲各国首都访问运输公司时，就曾观察到了这种逆转的情况。他们自豪地向我们展示巴黎机场的行李系统，当我知道它的价格时差点儿吓倒了——它的成本是我估计的5倍。

该系统的制造商是西门子，但当我回到办公室时，得知西门子已经出售了这项业务——我们没有机会做空，因为他们可以采用牵引车辆和人工智能代替固定输送机。

业主

我发现业主通常是小道消息的绝佳来源。一位在房地产行业的朋友可能会提及，相比旅客之家（Travelodge），自己更偏爱惠特布莱德总理客栈（Whitbread's Premier Inn），因为后者的资产负债表更健康。机场零售商和工厂直销购物中心的业主特别有洞察力，因为他们能看到租户的收入数据，非常清楚谁的运营更有效。这为我们提供了一个有用的视角。幸运的是，我在这两类公司都有朋友和联系人。就在那次巴黎之行中，巴黎机场零售部门的工作人员（无意间）给我提供了一些关于雨果博斯（Hugo Boss）的有趣看法，我们正将其作为潜在的投资对象——这帮助我们决定不买它。

专家网络

许多基金公司利用专家网络，如格里集团（Gerson Lehrman），从前雇员和行业顾问那里追踪八卦。这对激进的投资者来说是一个非常好的信息源。现任英国财政大臣、时任克里斯·霍恩爵士（Sir Chris Hohn）团队成员的里希·苏纳克（Rishi Sunak）告诉我，他们从这一来源发现美国铁路运营商CSX拥有一家乡村俱乐部。这是令人尴尬的趣闻，可以用来迫使管理层采取行动。

菲利普·费雪（Philip Fisher）在他的著作《怎样选择成长股》（*Common Stocks and Uncommon Profts*）中透露，他在寻找优质成长型公司时广泛使用这类方法——他将其称为"流言蜚语"。我原本以为这样思考问题是很聪明的，但他早在1958年就出版了这本书，那时我还没出生。现在它已经成为惯例，可能不那么有效了。

3.7 留心差距

在继续下一步工作，或许建仓之前，我希望再次确认：
- 当前股价与我对其内在价值的最初印象之间的差距
- 我明白差距背后的原因

例如，我曾研究过法国控股公司波洛莱集团（Bolloré），该股票的交易价格比其内在价值低了大约50%。如果我不知道为什么会产生这种差距，我就不愿意继续研究它。但是，我知道以下几点：

1. 该集团公司股价仅从表面上看，折价要小得多，相当于控股公司对部分估值之和的正常折价。但在波洛莱集团的案例中，控股公司拥有子公司，这些子公司又在控股公司中持有股份；因此，每股的经济价值要高得多，因为实际发行的股票数量比公告的低不少，所以除非你考虑交叉持股，折扣被低估了。

2. 该集团公司信息披露的质量非常糟糕，让人看起来很可疑，因此很难估值。

3. 该集团公司在非洲拥有港口和物流业务——这些业务都是必要的基础设施，是不错的生意——但市场对其经济情况了解有限，因此会有折扣。

4. 由于股权集中，股票流动性很差。

5. 这家企业负债累累。

6. 亿万富翁创始人波洛莱先生一直在进行一些看起来很奇怪的长期交易——市场不了解他的策略——虽然他在创造价值方面确实保持着出色的记录。

除此之外，由于弗洛朗热法（Florange Law）——一项赋予长期股东双重投票权的法国法律——我预计一些交叉持股结构将被取消，股东的价值将得以实现。波洛莱可以通过较低的直接持股来实现控制权，从而得以保留多数投票权。

波洛莱的情况比较复杂。我认为这是一个长期投资的机会，但需要大量的研究，回报的可见性很低。它可能比较便宜，还可能在很长一段时间内保持低价。我没有再跟踪它，尽管从图3.1中可以看出这是一项不错的投资。

图3.1 波洛莱公司的股价

资料来源："读懂资产负债表"（Behind the Balance Sheet）森提奥数据库（Sentieo Data）。

投资往往是在利用认知与现实之间的差距。我会先了解股市的看法，然后核对现实情况，这是一个漫长复杂的过程。为了更有效地实现这点，我列出了一些清单来帮我推进这一过程，我会在接下来的章节中进一步分析。

3.8 向前走——坚持还是转向

在这个阶段，我们放弃某个主意不一定是因为它是个坏主意，而是因为时机不合适，或者因为它不是投资组合的加分项，又或者仅仅是因为这个想法不够精彩，不值得人们付出额外的工作。但即使它越过了这些障碍，仍然还有很多工作要做。

我可能会在对管理层及其报酬结构、公司业务质量或估值进行尽职调查之后先持有1%的头寸——然后计划做更详细的工作，并根据我的相信程度将头寸增至2%或5%。

这是一个全面的研究过程，我将在下面的章节中解释我做这些研究所使用的清单。重要的是你要认识到，研究过程会因为以下任何一个原因而在某个时刻停止：

- 股价大幅波动，减少了潜在的投资机会
- 提高或降低公司盈利能力的基本面发生了改变
- 潜在空头的竞争对手被竞购，表明对该行业的兴趣
- 研究过程中发现这家公司的基本面根本不吸引人，从而阻止了在投资组合中加入该股
- 在投资组合中加入该股可能导致过度集中问题

拥有放弃无效工作并注销已经投入的工作时间的能力是一项重要的投资纪律。当我觉得研究对象太复杂，或者对结果的预测太不精确时，就不得不这么做。从感情上讲，很难将所投入的时间一笔勾销。对于专业投资者或机构投资者来说可能更容易，因为这是他们工作的一部分。私人投资者需要注意的是，不要花费精力和时间去证明某个坏主意是个好主意（确认性偏见）。花在一个投资想法上的研究时间是沉没成本，是不可挽回的；投资一只不中用的股票只

会使事情变得更糟糕。

我曾花费数周时间研究一家公司的股票，还参观了它的一家工厂，但我的老板一开始就以了解不充分为由拒绝了我的投资建议。我不甘心，又进行了为期一周的国际旅行，参观了它的一家竞争对手的设施，并会见了其管理层，回来后我重提该股票，但仍未能说服老板相信这只股票的优点。此时，你只能接受，或许是因为你呈现投资建议的方法不够好（我将在第9章向你展示如何把这件事做好）。

在接下来的18个月里，这只股票翻了一番，大幅跑赢大盘，并最终被一家中国竞争对手以我最初推荐价格的数倍收购。错过这只股票是很糟糕，但那也是工作的一部分。

3.9 规划

在我进入伦敦金融城之前，我曾是一名管理咨询师。每周都有大量的任务需要完成，我每周都会花一天时间制订计划。这对我的角色来说是很正常的，但在股票经纪人和基金管理人领域，不拿出时间制订计划似乎也很正常；或许，这跟市场不可预测有关。但如果你能计划好自己的时间，你肯定是一位更有效的分析师。

当然，你事先并不知道完成一项研究工作需要多长时间；但有了工作计划之后，你就能看出你是否在一个投资想法上花费了太多时间。

我认为目前许多分析师对有效利用时间的重视程度太低了，因为这份工作很难定义，而且每个人的工作方式也不一样。英国《金融时报》记者凯蒂·马丁（Katie Martin）的推特（@katimartin fx）在2017年8月16日进行了一项调查，283人投票选出了他们在过去两年里经历的最浪费时间的事：

- 28%的人选择了关注美联储
- 9%的人选择了关注石油输出国组织
- 32%的人选择了阅读零点对冲基金（Zerohedge）博客

- 31%的人选择了"脱欧"话题

在基金管理行业，太多的时间被浪费在了不影响投资组合或难以评估其影响的事件上。

关注宏观经济就是一个常见的时间陷阱。

我通常会根据投入时间的回报率来决定我要做的事情的优先级。投入时间回报率不是一个流行的概念，却是一个有效的概念。到目前为止，你已经对潜在的股票回报有了一定的概念，并且已根据你在该行业的经验、地理位置因素和情况的复杂性等，估计出评估这只股票所需的时间。

虽然有时花几周时间调查某只非常复杂的公司股票是非常有利可图的，但最终结果也可能是徒劳无功的。除非你认为市场错过了一些重要的东西，否则你还是转而研究那些盈利少一些的股票更好。

3.10 能力范围

在投资中，坚持你所了解的事情是很重要的。我有一些曾经做过自营交易的同事，他们认为必须了解每一只股票，了解是什么导致了价格的变动，以及市场参与者和股票对消息的反应。

我不会研究或投资医药股——因为我不了解这个行业。由于同样的原因，我通常会避开银行，尽管我偶尔会把某家银行当作新兴市场经济体的代表。因为投资某家银行的股票是我最简单、最直接地投资某个国家——如印度——的途径。对于私人投资者而言，购买印度的个股很复杂，所以对的一种选择是购买交易所交易基金（ETF），而另一种选择是投资印度工业信贷投资银行（ICICI Bank）的股票，你可以通过购买美国存托凭证（ADR）来实现入股该公司。

我倾向于避免购买零售业的股票，因为我发现很难衡量消费者的反复无常。虽然我偶尔也做短线或配对交易。

我也不喜欢投资澳大利亚股票，因为当地养老金在股市的权重过大，而且价格通常偏高。出于同样的原因，我也不会在那里做空；还有一个问题是，本土市场有许多比我聪明的投资者。在澳大利亚，亿万富翁的数量似乎不成比例的高，他们通常会利用股市获利。派克斯（Packers）和默多克（Murdochs）家族在那里的名声就很响，洛伊（Loewe）和霍姆斯（Holmesà Court）家族也是很有才华的投资者。话虽如此，我近年来一直关注着澳洲酿酒巨头（Treasury Wines）的多头机会和西农集团（Wesfarmers）的空头机会。

在韩国、中国和日本的投资也让我感觉不那么顺畅。在这些国家，当地习俗和语言障碍有时会让我看不清他们的财务账户，散户的大量介入也让基本面分析的艺术变得更加棘手。如果要我投资这类市场，我对回报率的要求会更高。

张夏准（Ha-Joon Chang）[①]在他的著作《资本主义的真相》（ *23 Things They Don't Tell You About Capitalism* ）中给出了清楚的解释。"自由市场根本不存在。每个市场都存在一些限制自由选择的规则和边界。"因此，在存在文化和语言障碍的市场上进行投资从根本上说就要困难得多。

另一个例子是俄罗斯，我认为在俄罗斯投资你不但要有一个便宜的估值（即使是按照俄罗斯的标准来说也是便宜的），而且你还需要一个当地母语人士帮你理解其政治环境。或许某天早上，你发现自己喜欢的公司刚刚被国有化，或者一项新法律刚刚通过，令公司盈利能力大幅下降，这些都是不妙的。这些事情可能在没有任何预警的情况下就发生了，从而使在这些国家的投资具有内在的风险。

我主攻工业类股票——提供B2B（企业对企业）服务的股票。尽管许多投资者更热衷于关注科技股和消费类股票，但我发现工业类股票存在重大定价错误的机会。

小结

并非所有的投资想法都是好想法。因为对一个投资想法的深入研究可能需要至少一周，甚至更长的时间，所以你必须首先进行一

---

① 张夏准，英籍韩裔学者，剑桥大学经济学教授，发展经济学专家。——译者注

系列的初步检查来验证你的假设。其中最重要的一方面是深入了解批驳你的观点。无论你在研究上花了多长时间，如果你都不能证明它是一个令人信服的好股票，那么你应该放弃你的想法。

一旦某个投资想法通过了你的测试，你便可以准备对该公司进行更深入的研究，而这需要规划。

从第4章到第8章，我详细描述了这个研究过程，并提供了一些清单来帮助你理解如何完成这些任务。

04

理解行业生态

开始研究一只新的股票时，我通常会从了解它所在的行业入手，这包括其竞争对手、客户、供应商以及供需趋势。全面了解行业是正确评估投资机会的第一步。

在这短短的一章中，我将总结出几个有助于理解行业的清单问题。首先，我会讨论为什么清单如此重要。

4.1 使用清单的历史

在航空业，犯错误就要付出生命的代价。因此，该行业广泛使用清单，尤其是在航行开始时。这可以追溯到1935年的一个故事。

当时，美国陆军正在进行一项后期的飞机评估，以分析三种轰炸机的相对优势：马丁146型飞机；道格拉斯DB–I型飞机；波音299型飞机（是当时最领先的机型）。普罗耶·P. 希尔少校（Ployer P. Hill）时任299型飞机的机长，他是第一次驾驶这架飞机。副驾驶是中尉唐纳德·普特（Donald Putt），他也是上一次评估飞行的主要飞行员。与他们在一起的还有波音公司的首席试飞师莱斯利·塔尔（Leslie Tower），他曾多次掌舵299型飞机。

据报道，这架飞机在突然失速并坠毁之前，进行了正常的滑行和起飞，并开始平稳爬升。希尔和塔尔在该事故中丧生。调查发现事故原因是"飞行员操作失误"。希尔对这架飞机并不熟悉，他在起飞前忘了打开电梯锁（飞机停在地面上无操作时，电梯锁可以锁住控制屏）。飞机升空后，塔尔曾试图去够锁柄，但可能为时已晚。

尽管299型飞机项目可能会失败，但波音公司仍被给予了继续推进该项目的机会，该公司将12架飞机送往位于弗吉尼亚州的兰利菲尔德（Langley Field）的第二轰炸机大队，准备接受进一步测试。那里的飞行员意识到，对于这种新的、复杂得多的飞机，他们需要某种方法来确保所有步骤都得到执行，不能忽略任何一个环节。于是，他们设计了一份飞行员清单。他们实际上列出了四类清单——起飞清单、飞行清单、着陆前清单以及着陆后清单。

有了这些清单和严格的训练，这12架飞机共飞行了180万英里未发生严重事故。美国陆军接受了299机型，并最终订购了12731架飞机组成了他们的B-17飞行堡垒。从那时起，飞行员清单就成为该行业的执行标准。

几年后，这种经验复制到了医学领域。彼得·普罗诺沃斯特（Peter Pronovost）是约翰·霍普金斯医学院的重症监护医生和教授，但他最出名的是对中心静脉导管的研究（插入静脉给药并采集血液样本）。在美国，相关感染导致每年3.1万人死亡[1]。据估计，普罗诺沃斯特简单的五项检查已经挽救了1500条生命。在2003年密歇根进行的一项为期18个月的试验中，在使用清单后，与导管有关的感染的发病率从0.27%/1000天下降至0[2]。

像滚石这样的乐队要求在后台更衣室里放一碗不含棕色（或黄色）的M&M巧克力豆，真正原因是什么呢？并不是因为艺术家们讨厌棕色（或黄色）的M&M巧克力豆，也不是为了证明自己才是一流的角儿，而是为了确保演出组织者阅读了合同中所有的安全要求。

---

[1] "减少ICU导管相关血液感染的干预措施"，《新英格兰医学杂志》（2006年12月）。

[2] L. 兰德罗（Landro），"抗击传染病的秘诀"，《华尔街杂志》（2011年3月28日）。

清单是投资过程的一个重要组成部分，它可以确保投资者滴水不漏地进行有效分析。让我感到困惑的是，真正使用清单的专业人士少之又少。

4.2 行业分析清单

我选择从行业入手展开分析有以下几方面原因：

· 对股票表现的主要影响因素之一是其所在行业的表现——因此，了解是什么推动了市场对该行业的情绪至关重要。

· 产品定价是推动收入，尤其是利润率增长的关键因素。这通常是行业层面的驱动因素，因此行业的历史非常重要。

· 供求平衡对定价至关重要，而供求关系是一个行业因素。

· 从一开始就了解行业的竞争动态是至关重要的。有时候，该行业的大部分企业是上市企业，这便于比较。相反，对于英国食品零售业的股东而言，新的低成本德国私人企业的出现令人感到惊讶，因为他们以前关注的重点一直是上市零售商。

一些投资者广泛关注行业的竞争，往往是一个被忽视的研究领域。例如，英国凤凰资产管理公司（Phoenix Asset Management）持有易捷航空（easyJet）的股份。每隔6个月，他们就会对该航空公司服务的2500个城市进行评估，并检视其竞争格局——这是一个很好的例子，说明如果有数据支持，他们就能对行业了解得很详细。但私人投资者这样做是不现实的。即使对于专业人士来说，进行这种深度分析也是不太寻常的，但这说明了投资研究发展的一个趋势。

了解竞争有助于了解行业，它是了解公司和投资的第一步。下文列出了一系列问题，这些问题构成了我对一项新投资或现有投资的研究框架。我的投资过程从了解行业背景开始，然后观察该公司在行业中的地位——此后，我才会详细检查公司的财务状况。

值得强调的是，根据具体情况，行业的某些方面比其他方面更合适开展研究。如果你在估值非常低的时候买入一只股票，那很可能它就不是一项优质投资；而以低于净值的价格买入某只股票，则需要重点考虑公司的风险和生存问题。我会花很多时间研究不利的情况，而不会花太多精力去担心商业模式或"护城河"。我会关注公司债务的估值，因为与股票市场相比，债券市场与公司生存风险更相关。

与此相反，对一只估值较高的股票，我们更需要了解的是其商业模式和回报的可持续性。工作的性质取决于投资股票的类型。我会认真思考以下问题和因素清单：

• 这个行业是如何运作的？谁是主要玩家？是客户还是供应商？从每个群体的碎片化程度通常可以初步看出各自力量的平衡。我对一个行业的初步考察经常会让我放弃投资原来公司股票的想法，转而投资其客户或供应商的股票，因为我知道它们可能有最大的上涨空间。

• 在过去的几年中，该行业市场增长的情况如何？预计未来的增长情况如何？一个行业可能已经稳定增长了数年，从而可以简单地推算其增长率。在这种情况下，回顾过去，及时审视它未来一段较长时间内增长的持续性，并理解其增长的原因是非常有用的。

• 驱动需求的因素是什么？它们是在加强还是在减弱？这通常是一个复杂的问题，但对其清晰的理解是必不可少的。从头寸建立伊始或打算建立头寸之时，就要密切监测事态的发展。

• 该行业的竞争动态如何？行业结构如何？整合程度如何？该行业企业是否有定价权？谁在掌控行业的定价权？观察主要运营商的市场份额在一段时间内的稳定性，通常能很好地发现进入该业务的真正障碍。

• 产能是在进入还是离开这个行业？这是我们需要搞清楚的最重要的问题之一，因为如果产能在进入这个行业，你就可以确定该行业的需求增长超过了供给的增长。如果需求增长低于供应增长，这就是一个危险信号。反之，任何产能离开该行业的迹象都可能对未来的回报产生非常积极的影响。有趣的是，这个因素吸引的评论比供需等式的需求侧少得多，但它往往是一条更简单、更可靠的成功之路。这也是英国马拉松资产管理公司（Marathon Asset Management）和霍斯金公司（Hosking & Co.）的主要区别之一。

· 如果某个产业是全球性的，那么它的主要玩家在哪里？是什么特征或历史事件让它们成为赢家？通常情况下，规模最大、总部在美国的公司往往估值最高；欧洲的可选公司看起来似乎更有吸引力，但关键是要了解过去相对成功的原因——例如，这家美国公司可能是庞大的美国国内市场的主要玩家。

· 在这个行业中，取得卓越业绩的关键因素是什么？一家好公司如何（在多大程度上)与一家差的公司拉开差距？思考为什么一些公司在这个行业取得成功真的很有帮助。

· 该行业受到多大程度的监管，监管机构是谁？监管规则的变化会立即影响公司的股价。当一家公司受到监管时，了解监管机构的动机和态度是至关重要的。

· 这个行业是否依赖政府补贴？请注意此处获得补贴的不一定是我们的潜在目标公司；如果竞争对手正在接受补贴，这可能是一个威胁，也可能是一个机会，因为补贴可以在没有事先提醒的情况下增加或减少。补贴也可能会影响整个供应链，包括供应商和客户，对行业总体产生连锁反应。

· 该行业有哪些特别的技术，你对它们是否有大致的了解？实际上，这是一个应该回答的好问题。我曾经在一个基金的投资组合中关注半导体。我相信这将是一个有利可图的机会，但我发现很难理解半导体技术。想要在该基金中加入半导体股票的头寸就必须向同事们解释其基本原理。最终，我还是决定把我的精力放在其他地方。

· 进入这个行业的壁垒是什么？如果门槛很低，或者门槛正在下降，那么了解竞争的性质更为重要。例如，该行业是否存在寡头垄断的历史，企业彼此和平共处而整个行业仍然能保持盈利？如果不是这样的话，则有必要更深入地评估其运营效率和管理质量，考察其利润率是否会在较长时间内维持目前的水平。

· 最后，我会问自己这是不是一个好生意，以及我是否理解它？如果这两个问题的答案有一个是否定的，也许就该对它说再见了。

质量是需要评估的最重要的行业因素之一。许多投资者都痴迷于此，尤其是伯克希尔哈撒韦公司（Berkshire Hathaway）的沃伦·巴菲特（Warren Bufett）和查理·芒格（Charlie Munger）。因此，下一章我将讨论这个话题。

小结

了解一个行业的特点只是形成对一家公司看法的第一步。业务运营的竞争框架是影响其未来收入增长和利润率趋势的关键因素。这些初步研究是分析一家公司的关键基础。

在这短短的一章中，我简要概述了一些与行业背景相关的关键问题，投资者在第一次接触该股票时就应该解决这些问题。在此阶段多投入一些时间，或许会导致你潜在的投资对象最终被放弃，或被同一行业的另一家公司股票所取代。我对某个行业的初步考察就经常会导致我放弃原本想投资的股票，转而投资其客户或供应商的股票。在下一章中，我将深入探讨与公司质量相关的问题。

05

寻找高质量公司

评估一家公司和它所在的行业有助于我们了解其业务的质量。同时，这也帮助我们评估沃伦·巴菲特所形容的"护城河"，这是一种衡量投资某项股票的回报率能否持续高于平均水平的说法。

在本章，我罗列了一些用于质量评估的标准，并讨论不同角度的"护城河"。这是一个被许多评论家仔细讨论过的话题，但它是分析过程中的一个基本要素——特别是对私人投资者而言。

在此，我主要关注定性的方面。在定量分析方面，需要牢记两个关键参数，一个是资本收益率的水平和波动率，而另一个是财务杠杆率。优质股票的债务杠杆水平往往很低（如果有的话）。在此，我先忽略会计的质量，我将在讨论企业财务时再来谈它。

5.1 寻找高质量公司

作为一名卖方分析师，我不太担心公司质量。对我来说，我所研究的运输行业显然囊括了高质量公司、低质量公司和介于两者之间的一般质量公司。

- 高质量公司：英国联合港口控股有限公司（AB港）和英国机场

管理局（BAA）都是高质量企业。它们拥有足够的资产支持、有效的地方垄断地位，销售和利润下降的可能性很小。这些企业的管理质量时好时坏（它们的管理团队总体上相当弱，但因为是非常好的生意，只需要能胜任的人来管理即可）。

- **一般质量公司**：公共汽车公司的收入来源较为稳定，竞争相对有限，有时会负债。它们的管理团队质量也不稳定，其铁路部门通常拥有有限年份的许可经营权。
- **低质量公司**：像英国航空公司（British Airways）这样的公司对其收入几乎没有控制权，利润率较低，利润流非常不稳定。卡车运输公司的质量也同样低下。

我非常清楚基金经理首先应该长期持有大量的优质公司股票，或许偶尔会在评级过高或他们进行了某笔愚蠢交易时减持。然后就可以想办法提高自己的回报率了，其中一个方法是买入便宜的一般质量公司的股票，像英国航空这样的公司股票则要在它们严重失宠的时候买入。

当我转向买方分析师时，作为一位特别投资者，我喜欢寻找具有极高回报潜力的股票。当我开始为一家英国财富管理公司向私人投资者提供投资建议时，公司质量成了一个更重要的因素。私人投资者对损失的容忍度远低于专业投资者。在这种情况下，质量意味着公司不太可能经历业绩或股价的明显下滑。

我们为财富管理经理们设计了一个筛选系统来挑选可靠的优质股票，对其结果我感到满意。这些挑选出来的高质量股票不仅在第一年、第二年和第三年表现出色，它们的优异表现此后还在继续。最终，我们将持有期优化为7年。我们对这个系统70多年的观察回溯测试发现——选中的组合仅有三次表现不佳，而且仅比市场表现低2%。我认为这是一个惊人的结果。

因此，问题在于如何识别优质公司。目前流行的是利用投资资本回报率（RoIC，Return on Invested Capital）来识别。长期来看，投资资本回报率持续保持高位的公司应该会有更好的表现。许多投资者乐于持有高投资资本回报率的股票，几乎不关心其估值。我很尊敬的一些专业人士，尤其是勃朗特资本（Bronte Capital）的约翰·汉普顿（John Hempton）和方德史密斯（Fundsmith）股票基金公司的特里·史密斯（Terry Smith），就认为估值实际上无关紧要。他们专注于长期持有优质公司股票，因此更加关心公司业务的质量。

史密斯曾经引用巴菲特在一个非常合适的时间收购可口可乐作为质量投资的例子。但他凭借的是复利的力量——投资组合增长的真正引擎——他即使支付两倍高的价格，仍然能跑赢市场（见图5.1）。

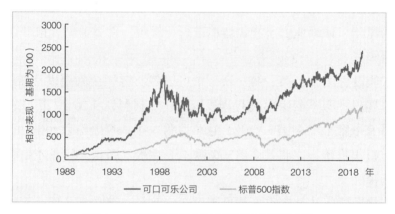

图5.1　可口可乐公司相对标普500指数的表现

资料来源："读懂资产负债表"。数据来自多个渠道，包括宏观趋势（Macrotrends）和森提奥（Sentieo）。

这是事后诸葛亮。我们当中有多少人能像巴菲特那样，预测出这些投资组合在20年后的价值呢？在此期间，可口可乐公司的业务增长的确非常出色。当然你也可以争辩说，这样的成功在今天要困难得多，因为：

• 互联网加快了变革的步伐，由此出现了更多的去中介化，预测特定商业模式的长期质量也变得更加困难。

• 人们更加了解复利的优势，对投资资本回报率的审查更为严格，因此不太可能出现低估的情况。

• 同样地，人口增长的长期趋势、新兴经济体国内生产总值的增长，以及富裕中产阶级的增长等长期趋势因素都得到了充分的理解，并反映在了股价中。当然，这些也受到汇率波动、当地竞争和许多其他因素的影响。

当考虑高投资资本回报率股票时，一个经常被忽略的因素是其再投资率（公司为实现增长进行再投资所获得的收益率）。我们可以通过回顾过去的投资收益率来看其再投资收益率，但是，过去不一定真能预示未来。如果一家公司的投资资本回报率很高，但再投资的机会有限，那么它的价值可能低于那些能够以类似回报率将剩余现金再投资的公司。前者被迫寻找其他渠道投资这笔钱，或者将其派还给股东。这就是很多投资者都在密切关注管理层的资本配置能力的原因。如果他们不能明智地进行再投资，希望他们能把现金返还给股东。

假设有两家公司。第一家公司可以将所有剩余现金以目前10%的集团投资资本回报率进行再投资——复利利率为10%。第二家公司与第一家公司在同一行业，它可以将一半的现金流以20%的收益率进行再投资，并将其余的50%返还给股东。那么，后者才是更好的投资机会。

好质量固然是获得卓越投资表现的路径，但它不是那么直接。对未来收益的计算充满了不确定性，而不确定性是许多热衷于获得学术答案的人容易忽视的一个因素。当然，对价值的过度关注可能会让你低估公司质量所能给予的贡献。对于大多数私人客户的投资组合来说，高质量是必不可少的。但我记得有一位杰出的基金经理在他的桌子上放了一张便笺：“永远不要害怕卖出优质股票。”

5.2 经济护城河

另一种考虑质量的方式是，不是用投资资本回报率那样的指标去从定量角度衡量一家公司，而是从定性角度来看待它。沃伦·巴菲特创造了“经济护城河”一词，这一概念显然是他投资过程的基础。经济护城河是一种结构性的障碍，它能阻止竞争对手进入一家公司的市场并降低其资本回报率；经济护城河带来的是可持续的高投资资本回报率。

真正的经济护城河难以复制，因此持续时间更长。

科技通常不是持久护城河的来源，因为它通常可以被复制，而且往往是短命的（也许有一些例外，如美国股市五大科技公司的股票（FAANG）[①]）。某种技术或创新优势不一定会比一场引人注目的广告活动或时尚潮流持续得更久。就像实力强大的管理团队一样，技术可以在短期和中期产生优势，但从长期来看，它往往会被竞争对手复制（优秀的管理团队会被挖走）。

在我看来，可持续的经济护城河更具结构性。美国的一个例子就是20世纪90年代的西南航空公司（Southwest Airlines）。它的企业文化在每个员工心中都根深蒂固，其他航空公司无法复制。尽管西南航空的做法显而易见，但竞争对手就是面临充满敌意的雇员，他们发现不可能复制该公司的做法。

护城河优势

我们可以通过以下任何一个优势来搭建护城河：

1. 规模经济

至少相对于竞争对手而言，一家公司的规模经济优势必须是相当可观的。沃尔玛（Walmart）就是一个例子，还有从事制服租赁业务的信达斯（Cintas），或亚马逊（Amazon）。规模经济优势可以来自像戴尔电脑公司（Dell Computers）开创的直接面向消费者的销售模式，或来自规模本身。例如，瑞安航空公司（Ryanair）多年来的成本基数甚至比行业里那些低成本竞争对手都要低，部分原因是它的规模更大。

[①] 美国五大科技公司（FAANG）——脸书（Facebook）、亚马逊（Amazon）、苹果（Apple）、奈飞（Netflix）和谷歌（Google）的首字母的缩写。——译者注

可口可乐公司之所以拥有规模经济，是因为其品牌建立在电视广告之上。因为它比所有的竞争对手规模更大（除了一家公司），它可以比竞争对手花更多的钱来打造一个良性循环。如今，这种相对优势正在减弱，因为互联网和社交媒体允许新进入行业者以不同的方式接触消费者。规模经济优势是相对的，而不是绝对的。

2. 网络效应

网络受益于拥有更多的参与者，所以这种护城河随着规模的扩大而加强——网络的价值在于它的覆盖范围或参与度，代表公司有易贝（eBay），以及万事达（Mastercard）、维萨（Visa）和美国运通（American Express）等信用卡公司和西联汇款公司（Western Union）。然而，后者很好地说明了护城河的主体性，因为移动支付技术在许多发展中国家有效地跳过了传统支付业务的发展步骤——这个例子说明了技术对护城河的颠覆性，并非真的建立了一个新的护城河。另一个网络效应的例子是优步（Uber）——它相当于一个地方的交通网络。尽管它通常是一个城市最大的玩家，但通过给司机评分它降低了潜在竞争对手进入的门槛。

3. 知识产权

这种护城河优势通常包括专利、商标或监管许可，但它们也适用于客户忠诚度高的品牌。制药公司就是很好的例子。对于高通（Qualcomm）这样的手机芯片制造商来说，它的主要价值在于其知识产权。

4. 客户忠诚度

迪士尼是一个很好的例子，尽管客户忠诚度是持续时间更短的护城河，因为它要求公司维持其产品的质量和精髓。购买品牌产品可以节约顾客的时间，比如一直购买汰渍（Tide）牌的洗衣粉；它们也可以给人耀眼的光环，比如劳力士（Rolex）手表；或者赋予某种合法性，例如信用评级机构穆迪公司（Moody's）。

5. 客户锁定

习惯是投资者的朋友，它们会在香烟、可乐和牙膏等消费品中俘虏客户。如果你习惯抽特醇万宝路香烟（Marlboro Lights），只有当你戒烟的时候，或者你的经济状况决定了你只能抽更便宜的牌子的香烟的时候，你才会不抽它。这些产品有巨大的惯性。相比之下，啤酒就不一样，在家里你可能喝百威啤酒（Budweiser）；当你去吃墨西哥餐时，可能会喝科罗娜（Corona）；在品尝泰餐时，喝胜狮（Singha）。

6. 高客户转化成本（或搜索成本或失望的风险）

微软是一个很好的例子，它从高昂的客户转换成本中获益，因为采用不同的平台需要一个学习的过程。在其他行业，如银行业和手机制造，客户转化成本可能以客户惰性的形式出现，在这种情况下，转换的过程被认为过于烦琐。企业可能会从这种惰性中获得一些好处，但就其本身而言，它不足以提供高的资本回报率（尤其是银行！），这是与护城河的关键区别。

搜索成本是转换成本的另一个版本——可能很难定义或找到一个可靠的替代方案，而且结果令人失望的风险很高，例如，在专业服务领域即是如此。

7. 有目标的公司

研究工作会影响投资——旨在产生有利的社会或环境影响并获得经济回报的投资让我相信可持续性是高质量投资和护城河的重要组成部分。不考虑可持续性的公司将处于不利地位。这不仅仅是一个简单的ESG分数[①]；它是一家伟大公司的文化和商业模式的一部分，必须在研究过程中加以考虑。

8. 数字护城河

技术的发展已经从根本上改变了护城河的特征。许多科技市场都有赢者通吃的结构特征，其中一些市场的护城河在现实世界中是不存在的，或是非常罕见的。有些是显而易见的，比如谷歌（Google）在搜索市场的主导地位。脸书（Facebook）这一社交网络

---

① ESG代表环境（Environment）、社会（Society）和公司治理（Government）。——译者注

无处不在，让很多人不得不使用它。以下两个不太明显的因素对数字护城河的成功至关重要。

9. 吸引人才

在知识产权行业，人才绝对是关键，因此吸引人才的能力是一个关键的差异化指标。科技巨头拥有巨大的品牌资产，这不仅会吸引潜在的客户，而且会吸引潜在的员工。在创意质量往往决定成败的行业，作为护城河因素的这种吸引人才的能力不应被低估。这也为传统公司发展数字化能力设置了障碍——伊莱克斯（Electrolux）的首席执行官曾向我抱怨说，他们发现招揽软件工程师非常困难，而软件工程师在他们的产品开发中越来越重要。

10. 研发规模

科技巨头在研发方面的投资规模远远超过大多数传统企业。2018年，它们是标准普尔500指数中研发开支最大的企业。我怀疑这一支出实际上被夸大了，相关公司在研发领域的开销分配十分慷慨。

尽管如此，研发所涉及的金额是令人咋舌的。在自动驾驶汽车（AV，Automated Vehicles）领域，原始设备制造商（或代工厂，OEM，Original Equipment Manufacturers）[①]在研发上的总体投入更高，很少有传统行业能与之相比。这一点意义重大，因为研发可能是未来利润率的关键驱动因素——劳伦斯·坎宁安（Lawrence Cunningham）的著作《质量投资》（*Quality Investing*）以及AKO资本资产管理公司（AKO Capital）的团队就认为，研发支出的主导地位是保持超高回报的关键因素（见图5-2）。

---

① OEM是指某些厂家的产品并非由其自己的工厂生产，而由其他厂家代为定牌生产。——译者注

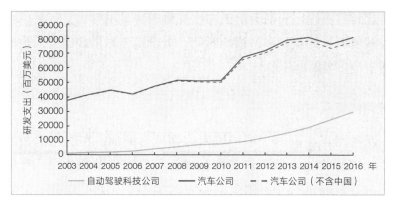

图5.2 自动驾驶和25大上市OEM汽车公司的研发支出

资料来源："读懂资产负债表"（Behind the Balance Sheet）。科技公司包括2017年开发自动驾驶技术的公司。

随着知识经济所占份额的提高，投资在人和研发上的这些护城河因素的重要性也在提高。

11. 定价能力

这是享有护城河的优质企业的特点。苹果公司就拥有定价权。在2018年之前，它似乎从未打折销售其产品——除非新版iPhone或iPad发布时旧款才会打折。随着该品牌推高了新手机的价格，最近这种做法才开始退出。

在低端市场，像阿尔迪（Aldi）这样的折扣店有持久的成本优势，他们持续地投资低价获取商品的能力；另一极端做法是法拉利（Ferrari），通过限制产量以维持其等待名单，这支撑了其价格。事实上，我的一个朋友几乎不花钱就享受了几辆崭新的法拉利。一旦他的新车型准备好了，他就会把那辆用了一年的车以买入价卖给经销商。经销商再以高于新车的价格将二手车卖给不愿等待的客户。

监测品牌的定价行为是投资分析的有用环节，例如，那些不过于强调反复促销的零售商可能会表现得更稳定。而那些依靠反复大幅降价促销的品牌让顾客等待下一次折扣。因此，一轮又一轮地上演史上最大优惠幅度的销售策略，每一次都降低了客户对品牌的信任度。

此时，要确定长期的价格同比变化趋势是困难的。但是你可以监控减价销售的数量和持续的时间；折价销售数量或销售天数的增加通常是重要的警告信号。

护城河的持续时间

互联网正在削弱一些护城河的强度。例如，在快速消费品行业中，碎片化的媒体降低了产品进入大众市场的成本——我要尝试那款新的精酿啤酒，因为它在我的同事中非常受欢迎。最明显的例子是美元剃须刀俱乐部（Dollar Shave Club）①及其对吉列公司（Gillette）的影响。

网络效应在互联网企业中更为普遍。想想英国的汽车经销商公司（Auto Trader），它是二手车广告的主要门户网站；还有房屋租赁和出售平台公司右转公司（Rightmove）。网络效应可以在补贴［比如优步（Uber），它利用价格来刺激需求，尤其是在一个新市场起步时］和不断有人参与［比如脸书（Facebook）］的作用下而增强。请注意，护城河的出现并不是因为你拥有很高的市场份额、技术优势或者伟大的新产品——所有这些优势都会随着时间的推移而消失。

计算经济护城河可能强度的一种简单方法是按公司每个业务部门的市场份额列出该部门的竞争对手。特别要留意其市场份额随着时间流逝的稳定性，这是进入该业务的真正障碍。

另一种判断公司质量的方式是从长远考虑——我们可以试着找出那些可能在未来很长一段时间内拥有高投资资本回报率的公司。这些公司现在的投资资本回报率可能较高，也可能不高，但从长期来看，其提供高回报的预测相当可靠。阿尔弗雷顿资本管理公司（Alfreton Capital）的丹·亚伯拉罕斯（Dan Abrahams）是一位年轻且才华横溢的对冲基金经理，他向我介绍了这个概念。

丹认为当今高投资资本回报率公司的一个例子是哈格里夫斯·兰斯当（HL，Hargreaves Lansdown），这是英国最重要的个人

① 该公司向支付月费的用户定时邮寄一次性剃须刀。——译者注

投资平台。哈格里夫斯·兰斯当相对于其竞争对手而言拥有巨大的规模经济，这使得它能够向投资经理施压，要求他们降低收费以从哈格里夫斯的规模经济中获益。然后以降低机构收费的形式转让给客户。这是一桩伟大的生意，它对本金的要求相当有限，而且拥有非常忠实的客户基础。

我认为该公司的问题是，除了基金管理费用，投资者还要向哈格里夫斯·兰斯当支付0.45%的平台费用，外加外汇交易、合同等额外的隐性费用。在我看来，这家公司赚得太多了。因此，当精通技术的竞争对手进入其市场时，它就变得非常脆弱。其估值——持续高于30倍的市盈率，以及两位数的企业价值收益比倍数（EV/EBITDA）——提供了有限的安全边际。

丹在这方面的判断被证明是非常成功的，尽管在伍德福德（Woodford）基金公司崩盘后，客户基础的忠诚度现在遭受了质疑。随着他们继续推荐这些业绩不佳，还因不断的赎回削弱了流动性基础的基金之后，人们对哈格里夫斯的看法也受到了显著影响。最终，投资者们遭受了本可以避免的重大损失。

另一种思考公司质量的方式是运用查理·芒格（Charlie Munger）的逆向思维——一个糟糕的行业是什么样子的？汽车行业是一个典型的例子，值得我们简短的讨论。

汽车代工厂具有很强的周期性，当经济疲软时，销售收缩，利润率暴跌。该行业的特点是产能严重过剩，政府高度干预。尽管直接归国家所有的汽车制造商越来越少〔雷诺汽车公司（Renault）显然是个例外〕，但这些都是大雇主，国家要采取行动保护就业机会。英国保守党政府对日本尼桑汽车公司（Nissan）保证它不会因为英国脱欧而受损，就是一个很好的例子。如果竞争对手可以获得间接或直接的补贴，即使高效的企业也很难获得超额利润。

汽车产品的周期很短，而且越来越短，这意味着利润率取决于产品模型在产品周期中相对于竞争对手的位置。新产品会产生额外的需求，而这些需求会随着时间的推移而衰减。这种对新产品不断投资的需求意味着这些公司虽然效率很高，但利润率不高。

这些公司的现金需求也被低迷的周期放大了。在经济景气时期，由于销售增长、经销商货到付款、供应商扩大信贷，企业往往会有正现金流。当销售收缩时，这个周期就会逆转，这就是为什么汽车代工厂通常会持有高达10%销售收入的现金。

如今，整车代工厂面临着多重挑战——自动化的发展需要大量额外的研发投入，而长期来看，汽车向自动驾驶的方向发展已经对传统汽车企业构成现实的威胁，因而需要更多的研发投入。

投资者也有可能在这个高度周期性的行业中获利，但在我看来，汽车行业（包括特斯拉）几乎没有什么优质投资品的特征。

重要的一点是，我们不仅要评估这家公司是否拥有长期、可持续的竞争优势，还要评估它是否正在建立并加强这种优势。维持或扩大护城河的能力与护城河现在拥有的宽度一样重要。认识到这一点，同时评估一家公司的创新意愿和能力，都是至关重要的。其中一种方法是研究其竞争对手，并观察进入邻近或类似领域的科技公司。

杰夫·贝佐斯（Jef Bezos）经常说，不要把重点放在十年后会发生什么变化上，而要放在什么不会变化上。他说："我经常会被问道：'未来十年会发生什么变化？'这是一个非常有趣的问题，也是一个很常见的问题。几乎从来没有人问我'未来十年什么不会改变？'我想说的是第二个问题实际上才是更重要的问题，因为你可以围绕稳定的要素制定你的商业战略。在我们的零售业务中，我们知道客户永远希望得到低价，我也知道十年后这将成真。他们希望配送速度快，他们想要丰富的选择。我们无法想象十年后是什么样子，难道会有位顾客走过来说，'杰夫，我爱亚马逊，我只是希望价格略高一点儿；或者我爱亚马逊，我只是希望你们的配送能稍微慢一点儿'。"从最近的年报中可以看出这段话对于评估杰夫·贝佐斯维护和扩大护城河的能力是有用的。

护城河清单

进入壁垒是护城河的一个关键特征，对于一个公司来说如果出现以下情况则很可能存在护城河：

- 有可能识别出它们。
- 投资资本回报率较稳定或正在增加且保持在高位。
- 相对于同行而言，资产（或有形资产）的毛利率较高，且稳定或正在增加。
- 公司的市场份额稳定或正在上升。
- 拥有统一的行业结构（地理或产品/服务）。
- 拥有某种俘获客户的理由（例如烟草或可口可乐/百事可乐），惯性（金融服务），高转换成本（科技），或高转换风险（香精香料）。
- 与客户有很深的联系，或者该产品的作用非常关键，对客户来说成本相对较低［例如，精炼厂的斯派克斯萨（Spirax Sarco）牌蒸汽疏水阀］。
- 具有网络效应，例如Microsoft Windows, Office, iPhone的应用软件等。
- 其提供的服务复杂且难以复制，也无法客观衡量，其成本对客户来说不是最重要的——一项以可靠性为关键任务的低成本服务往往具有很大的定价权。设施管理就是这样的例子，尽管该行业有许多建筑公司遭遇了灾难［例如英国的艾米和米缇集团（Amey and Mitie）］。
- 能否获得原材料等资源是一个区分因素（例如用于水泥或骨料采石场的石灰石）。
- 产品专利、工艺专利或商标是重要的因素。
- 存在其他技术壁垒，如技术知识、复杂的工艺过程或漫长/陡峭的学习曲线。
- 监管是相关因素——监管者往往喜欢维持现状。
- 规模经济。适用于现有企业与其最接近的竞争对手的市场份额存在显著差异的情况，或固定成本分摊在数量大得多的单位产品或服务上的情况，例如营销成本。一个很好的例子是承包餐饮公司康伯斯（Compass），该公司的规模相当于其在美国最大的两个竞争对手的总和，且具有额外的规模经济——它有一个代表第三方购买食品的采购部门，因此在购买主要原材料时具有较大的规模经济优势。

小结

公司质量拥有不同的表现形式，但只有当你看到它时才会明白。来自非常成功的投资者——像英国的尼克·特雷恩（Nick Train）和特里·史密斯（Terry Smith）等人的大量证据表明，公司质量是非常可靠的投资要素。高资本回报是经济护城河的主要特征，也是一种或多种类型护城河带来的结果。投资那些正在拓宽护城河、关注可持续发展的公司是很重要的。

06

解析公司

　　对一家公司的详细审查与对其行业的评估是重叠的,可以同时进行。

　　对公司质量进行分析需要运用定性和定量两种方法。后者需要拆分公司的账目,以了解其财务表现和会计政策。我在第7章将谈这些内容。

　　本章更关注如何分析一个公司的特征。作为对前文关于护城河的讨论的拓展,我将解释为何一个公司的历史很重要,并探索其可持续性。

　　然而,仅仅了解业务是不够的,还要把股票放进合适的情景中分析——我将讨论股东基础和股价趋势的长期和短期重要性。在定性分析得出结论之前我将解释如何测试你是否已合理理解上述问题。

　　大多数上市公司不只从事单一业务,因此有必要针对每一项业务开展测试,并在敞口(主要是利润,也包括收入、资产和员工)最大的地方投入最多的时间。

　　在我的个人投资组合中,风险资本和私人股本的比例很低,只有个位数——通常是早期投资。为了形成对企业的看法,了解投资成功的可能性,我们有必要了解产品和市场。此外,评估团队、执行风险和激励措施也很重要。

但了解竞争也是至关重要的——什么样的限制会为这项业务创造机会，它们有多大可能持续下去？对现有竞争者的限制与对新进入者的限制有区别吗？消除这些限制是否成本高昂？

同样的方法也适用于上市公司股票，这些都是下文要讨论的关键问题。

6.1 公司业务

了解一家公司的业务是研究的基础。在菲利普·费雪（Philip Fisher）的名著《怎样选择成长股》（*Common Stocks and Uncommon Profits*）中，他强调了寻找高质量成长型公司的15个要点。其中只有一个问题与估值有关，而且这些问题都是与公司相关，与行业无关。尽管如今很少有上市公司会披露这么多信息，他认为有吸引力的投资应该具备如下特征：增长销售的能力；具备能开发新产品的管理团队；有效的研发；高于平均水平的分销网络；充足的利润空间；强有力的劳资关系（这一点很重要）。

我发现将公司从事的业务写下来是很有用的第一步，但需要附上清晰的业务阐述。例如，阐明一家公司从事软件业务并没有多大帮助；更有用的说法是，它为会计部门提供了关键的银行余额调整软件，该软件每年需要提前支付订阅费，取消率为3%。请把笔放在纸上（或把手放在键盘上）记下我的问题，将其包括在你的清单中：

业务

这家公司是从事什么业务的？它有哪些主要业务部门，各自在行业排名如何？公司有亏损业务吗？在考虑估值参数时，这是个至关重要的问题，也是一个主要的潜在风险因素。按各细分市场的市场份额，列出其竞争对手是有益的。我会制作一张表，罗列以下内容：
- 公司的各项业务活动
- 各业务的重要性（占收入比例，息税前利润率等）

- 公司过去几年的收入增长率
- 市场份额增长率
- 公司在行业的地位
- 主要的行业驱动因素

你理解该行业结构吗？公司在价值链中处于什么位置？供应商、分销商和客户是否出现了整合？客户、供应商、竞争对手和监管机构的相对力量如何？公司是否有你不熟悉或让你感觉不舒服的海外业务？如果公司在土耳其有30%的业务，而你对该地区的业务感到担忧——因为它并没有反映在股票价格里，那你最好还是推迟购买该股票。

经济状况

该公司的经济状况如何？与竞争对手相比如何？谁在控制行业定价？该公司/部门是否有定价权？在如今低增长的世界，定价权是一种越来越罕见的品质，通常会产生巨大的估值溢价。

你能把公司的业务提炼为一个工作单位吗（例如一家酒店、一艘游轮或一家商店）？你了解这个单位的经济情况吗？租用、装修和装满一个店铺需要多少钱？回报期是多久？这种单位经济学分析方法是评估公司业务的无价工具。

需求/增长

市场机会在哪里？竞争性产品是如何把握这些机会的？

如果这家公司是通过收购实现增长的，它可持续吗？公司在什么情况下会因为缺少机会而迁往海外或进入另一个行业？当公司规模扩大时，它的增长速度会受到哪些影响？如果它切换赛道或进入海外市场，风险将如何上升？增长空间的问题至关重要，因为进入新市场通常会导致风险显著增长。

公司的销售模式是什么？是多年获得源源不断的经常性收入，还是依靠一次性大额销售，或者依靠小额消耗品销售收入？方德史密斯（Fund smith）公司的特里·史密斯（Terry Smith）就更喜欢那些出售顾客每天或每周购买的小额商品的公司。与出售主要资本设备相比，这些是经常性收入。

公司是否有跨境销售或购买？如果有，这意味着该公司在一定程度上受到汇率波动的影响。汇率波动可能对你有利吗？你要了解从订单到交货的销售流程。

待办事项或订货簿的情况如何？它们与历史情况相比又如何？

供应

与整个行业相比，公司的产能利用率优势如何？市场份额是在增加还是减少，行业是在增长还是在整合？吸引我的是产能增长慢于需求增长的行业，我将在下文作进一步解释。

质量

为什么这家公司善于（或不善于）它们从事的业务，这是可持续的吗？将这家公司与同行业弱小的竞争对手进行比较会有哪些区别？为什么？

进入壁垒（护城河）是什么？如果你能获得资金，你与这家公司成功竞争的机会有多大？这是查理·芒格逆向思维的一个例子，在分析一家新公司时，这是一个非常有用的技巧。

这是一家好公司还是一家伟大的公司？它是什么时候成立的？它有过多少位领导人？十年后它还会是原来的样子吗？

行业结构

显然，没有所谓"合适"的客户数量。如果是一家代工厂（主要原始设备制造商）的供应商，即使只有几个客户，产品性能也必须非常卓越，这样客户才不会在价格谈判中占据上风。另一种极端情况是，如果你是要把产品卖给美国所有的干洗店和药店，那么获取客户和提供服务的成本就能削薄你的利润。

一些分销公司的运营处于沙漏型的最佳位置，介于大批供应商和大量的客户之间。这类分销商可以与供应商和客户都建立牢固的关系，从而获得更高的利润率——在这方面，数字化也为它们赋予了竞争力。值得注意的是，亚马逊似乎正在向一些传统行业进军——垂直分销细分市场。

相反，想想联合利华（Unilever）和卡夫亨氏（Kraft Heinz）等大型消费品公司与家乐福（Carrefour）和乐购（Tesco）等大型连锁超市之间的紧张关系吧。迄今为止，双方都没有持久的竞争优势。尽管在某段时间内，优势地位可能从供应商转向客户，这取决于外部环境。

6.2 评估与表现

这些定性评估是否与公司的财务表现，特别是历史收入和利润率趋势一致？如果你已经确定这是一个稳定增长的行业，那么在公司的收入或利润增长方面就应该有亮点；了解这些亮点出现的原因并评估它们再次出现的可能性非常重要。我愿意把大量的研究精力放在考察长期的收入趋势以及利润趋势上。我将在后面的章节中更多讨论这方面的内容。

供应

对大多数公司来说，产能和需求之间的关系是一个关键变量。

我对大家都在进行扩张的行业持谨慎态度——这可能会在一段时间内是好事，因为上市公司可能会从规模较小的竞争对手那里夺取份额。但通常情况下，行业单位成本下降，价格最终也会随之下降。巴菲特将此比作每个人都踮着脚尖在游行——弄巧成拙。

因此，供应分析中的一个关键因素是对行业产能的审查。虽然理论上这通常比高度复杂的需求分析要简单些，但这一领域常常无法吸引到足够多的分析师时间。运输行业是个例外，其利润对运力增长的微小变化都极为敏感。

在一个产能增长速度快于需求增长速度的行业中的股票注定不会是好的投资标的。反倒是一个虽然不怎么赚钱但正在关闭产能的行业往往能给我们提供极具吸引力的投资机会。这类行业通常不受欢迎，经常遭到辱骂，但抛售压力往往耗尽，市场也很少关注。如果产能下降，利润开始上升，则可能出现转机。

公司的历史

我认为了解一个企业的历史真的很有帮助，这是一个经常被投资者忽视的因素。它给股票的长期持有者、资深分析师和投资者创造了优势。仅仅因为一家公司已经存在了100年无法保证它能延续到下一个世纪。相反，一家成立不到25年的公司也可以取得成功。柯达和亚马逊就分别是两家这样的公司例子。

尽管如此，长寿和一致性是不应被忽视的非凡特征——在伦敦举行的2017年价值投资者大会上，林赛尔·特兰（Lindsell Train）公司的尼克·特兰（Nick Train）展示了联合利华从1962年到2016年的分红历史，联合利华在此期间的年股息增长率为8%，我对此感到惊讶。

我从未详细研究过联合利华，但50多年来的股息增长记录显然非同寻常。在最近一篇关于品牌的文章中，林德塞尔·特莱恩（Lindsell Train）强调了联合利华的历史的重要性，这实际上让它成为许多新兴市场的本土品牌：

"……这家公司在新兴市场的真正价值在于，它在某些地区拥有漫长的销售历史。今天许多品牌的前身——阳光肥皂（Sunlight soap）公司于1888年在印度问世，随后，1895年卫宝（Lifebuoy）诞生（至今仍然很出名），1902年梨牌（Pears）成立，1903年立顿红牌（Lipton Red Label）以及布鲁克邦德（Brooke Bond）面世，1947年旁氏（Pond's）出现，1959年斯夫（Surf）洗衣粉品牌创立。利华兄弟印度公司（Lever Brothers India）早在1933年就成立了，次年他们在孟买建立了一家肥皂工厂。与这些悠久的历史相比，宝洁1964年才进入印度市场。我们认为，联合利华在印度和其他地区多年的运营，促成其品牌与这些市场消费者的日常生活产生独特的共鸣，并产生了根深蒂固的联系……"[1]

---

[1] 林赛尔·特兰（Lindsell Train），"对品牌的需求与日俱增"（2017年3月）。

　　十三度研究（13D Research）发表的一篇文章强调了肥皂公司和许多其他品牌在19世纪80年代是如何在美国蓬勃发展的，就如同当时的铁路里程翻了5番，工资上涨了60%[①]一样的效果。中产阶级出现了，铁路提供的分配系统可以满足全国的需求。买不起药店出售的高质量肥皂的消费者，被从当地商店的产品（通常质量不可靠）吸引到像宝洁这样的全国性品牌公司的产品，后者在全国范围开展广告活动，推广其品牌质量。本土品牌在质量和声誉上无法与之抗衡。130年后的今天，社交媒体、数字购物和消费者评论让本土品牌重新参与到这场竞争中。因此，历史长短的价值可能比如今要低。

　　勃朗特资本（Bronte Capital）的约翰·亨普顿（John Hempton）以阿迪达斯为例，较为详细地说明了企业历史对分析师的帮助。亨普顿是我遇到的最有分析师头脑的人士之一。他在阿迪达斯2016年大规模扩张之前就买了它的股票，他是这样描述的：

　　"赫佐格奥拉赫（Herzogenaurach）是距纽伦堡（Nuremberg）很近的一座很有意思的德国小镇，从慕尼黑往北开车几个小时就到了。很久以前，两兄弟创办了一家运动鞋公司（而且大获成功）。后来两兄弟分家了，其中一人开了另一家运动鞋公司。这两家公司就是阿迪达斯（Adidas）和彪马（Puma）。在很长一段时间里，他们互相都把对方当成敌人。随之而来的是耐克，还有迈克尔·乔丹（Michael Jordan）和篮球鞋，这暴露出赫佐格奥拉赫镇曾经的地位，它曾是一个与世隔绝的地方。"

　　之所以说与世隔绝，是因为当时的德国人还没有意识到运动鞋是一种时尚单品。运动鞋作为街头服饰，主要起源于非裔美国人。随着时间的推移，这一趋势吸引了美国中产阶级和白人，然后又跃迁到中国。正如汉普顿所说："篮球鞋是让人变酷的装备……我去赫佐格奥拉赫镇拜访这些公司是因为它们超级便宜（并没有其他

---

① 十三度研究（13D Research），"伟大的包装商品品牌将提供一个安全的避风港，还是准备以意想不到的规模崩溃？"（Will the great packaged goods brands ofer a safe haven or are they poised for disruption on a scale not imagined？）（2017年5月3日）。

原因）。"

我以前从未见过有人这样描述阿迪达斯的历史，这让我确信，了解一家公司的来历是分析师的杰出能力。历史视角确实能提供更多的洞察。这是我观察到的几位颇有成就的投资者的心得，尼克·特雷恩（Nick Train）和约翰·汉普顿（John Hempton）就是其中最有代表性的两位。

我喜欢找有关于上市公司或其创始人的书籍——阅读这些书籍通常会挖掘出不同寻常的见解。我也喜欢阅读商业领袖的传记，因为传记中通常会有一段关于某种技术或方法的描述，可以让你深入了解某只股票。

公司的可持续性

这是一个越来越吸引人的因素，而且只会变得越来越重要。近年来，我意识到可持续性是高质量投资的根本问题。我了解到矿业公司会记录每年发生的意外事故和死亡事故的数量。我认为这是非常明智的政策，我不知道为什么我以前没有注意到它。

我没有注意到这一点的可能原因是，我以前从来没有把矿业公司当作严肃的、长期的基础面投资标的。这些公司的股票都是用来出租的，而不是被持有的。如果你并不打算永远持有它，你还需要知道它的一切吗？你当然需要了解大宗商品价格的前景，这是未来几年盈利能力的主要驱动因素，但差不多就这些了。

这鼓励我更广泛地思考ESG。ESG代表环境、社会和治理。我以前一直认为这是次要问题；就像收益、现金流和估值是肉，而它们不过是炖肉用的土豆。但我接着又想，或许，那些治理良好的公司有可能是更安全的投资标的，而那些关心环境和可持续性的公司才是更出色的公司，这些公司由更有思想的领导者管理，因此更有可能成为有吸引力的基础面投资标的。这一直是我所依靠的方法，至少对我的财富经理的私人客户来说是如此，直至大众汽车丑闻事件爆发。

2015年9月，在美国监管机构的压力下，大众汽车公司承认非法地使用失效软件通过汽车尾气排放测试。我一直认为大众是一家卓越的公司：有伟大的产品、良好的管理，是德国制造业的支柱。没有想到的是它们却卷入了这样一场看似欺诈和欺骗的活动。

大众是ESG管理实践的支柱；该股票甚至是道琼斯可持续性指数（Dow Jones Sustainability Index）的样本股之一。但如果大众的竞争对手都不知道它在欺骗美国环保署，一家指数供应商怎么可能知道呢？它显然不得而知。

大众汽车董事长最近被曝光此前曾任命他的妻子为董事会成员。他娶了自己的保姆，并任命她为一家价值2000亿欧元的公司董事会成员。我只是不明白这一点怎么能被忽视的——不仅跟踪大众汽车的众多分析师忽略了（这已经够糟糕了），就连ESG专家也忽略了。

董事长任命他的妻子进入董事会，此举如何才能被视为良好的公司治理？当然，大众汽车的很多客户都是年轻的妈妈，妻子/保姆出现在早餐桌旁可能还有点用。但令我惊讶的是，她出现在董事会会议桌旁居然能被当成一件好事。

一般来说，我认为投资者应该把关注ESG看作投资过程的一部分，但我不太确定咨询师、指数和分数是否会带给你正确的答案。也许，你最好还是利用自己的常识，直到ESG标准成为基本面分析的严肃主题。

我不太担心公司治理，但如果你计划长期持有某只股票，那么董事长的妻子出现在董事会肯定是一个禁忌——除非由创始人领导的家族企业。我在20世纪90年代的一位销售同事有一条规定：董事会中不得有大胡子或经纪人。如今，留胡子是时髦，也很普遍，而经纪人太稀缺，但董事会成员应该由适当的人担任的原则仍然适用。

三个与ESG相关的简单问题可以告诉你很多信息：

- 公司设有目标吗？
- 该目标会改善人类的生活吗？
- 该目标会改善它的客户的生活吗？

给予肯定回答的公司经营更持久，能够满足质量要求，因而拥有更好的前景。

6.3 自我测试

在研究高质量的长期投资时，我喜欢自我测试，以确保自己了解公司业务。我问自己一系列问题，并将这些问题归纳在本章开头提出的问题中，包括企业的竞争优势和收益，以及市场增长预期。这一过程是为了确保我没有错过任何重要步骤，同时确保我足够了解风险。

技术问题

我的研究报告中有一部分内容涉及技术，主要研究股价历史、内幕交易和股东基础。这些信息可以告诉你很多关于公司的事情，需要更多地关注。我不确定为什么这一点经常被忽视，也许是因为技术分析在理智上不够严谨产生的某种势利态度。

事实上，大卫·德莱曼（David Dreman）在他的一本书中专门用了一章的篇幅来诋毁技术图形法。我相信股票价格的历史数据可以提供令人难以置信的有用信息。比起研究的其他方面，在投资过程中早点儿明白这一点更有可能加速我作出跟踪或放弃研究的决定。

股价历史

拥有一张包含五年股价和对应的指数，以及对主要波动原因有文字说明的图表是至关重要的，因为它确保你了解什么是（或至少曾经是）推动股价变化的关键因素。这是初学者经常犯的错误，我的前雇主里昂信贷银行（Credit Lyonnais Laing）就规定每一张分析报告的内封都必须附有一张这样的图，上面有分析师对每一次重大走势的解释。有趣的是，这是我认为适用于所有投资的少数清单项目之一，本节中的大多数相关技术问题也是如此。

传奇投资人斯坦利·德鲁肯米勒（Stanley Druckenmiller）有一句名言：

"当我刚开始做研究工作的时候，我撰写的研究报告非常全面，涵盖了股票或行业的各个方面。在我向选股委员会报告之前，我必须先把研究报告交给研究主管。我特别记得有一次，当我把关于银行业的研究报告交给他时，我对我的工作感到非常自豪。然而，他读了一遍后说：这没有用。你知道究竟是什么原因让股票价格起起落落的吗？这句话刺激到了我。此后，我将分析的重点放在寻找与股票价格波动密切相关的因素上，而不是着眼于所有的基本面因素。坦率地说，即使在今天，许多分析人士仍然不知道究竟是什么原因造成了他们研究的股票的上涨和下跌。"

我不确定我是否会走到德鲁肯米勒那么远，但这可能是一个被低估的问题，至少对卖方分析师而言是如此。

图6.1刻画了这一过程——脸书在第一年的表现低于标准普尔500指数，然后随着互联网业务的机会越来越明显，它开始获得优势。最后，在2018年中期，由于隐私丑闻，扎克伯格（Zuckerberg）被召至参议院接受质询。该股一直下跌到2018年11月底，这是股市的至暗时期。脸书实际上是在市场触底前一个月触底的，投资者认为脸书的股价已经下跌了那么多，因此此后它受美国经济问题的影响小于整个市场。

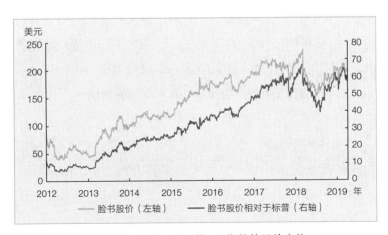

图6.1 脸书相对于标普500指数的股价走势

资料来源："读懂资产负债表"（Behind the Balance Sheet）森提奥数据库（Sentieo Data）。

内部交易

我将在下一章探讨管理层及其激励机制的问题，但动用个人财富购买或出售股票的行为是管理层能采取的信息量最大的行动。

如果该公司股价低迷，尤其是在该公司出现问题的情况下，内部交易可能更有意义。由于大多数董事关注的是经营业绩，如果他们在股价低迷的时候买入股票，这表明复苏的可能性很大。这样的信号会让我对自己的想法更有信心，更有可能在所有深入的研究工作完成之前就开始建仓。

如果某只股票在很长一段时间内都极少抛售，那么你应该对突然出现的抛售提起兴趣了。而且在这种情况下，永远不要听解释。我记得在20世纪90年代，一位首席执行官暗示他卖掉公司股票的原因是他需要一张新餐桌。

最近，上市公司管理层变得更具创造性。雷格斯（Regus，现已更名为IWG）的创始人马克·迪克森（Mark Dixon）告诉我，他对在2017年卖掉某只股票感到十分后悔，希望自己当时能留住这只随后大幅上涨的股票。该公司发布的盈利预警令股价暴跌。我相信迪克森没有料到该公司会发布盈利预警，但管理层通常知道他们股票的真正价值。像英国运动服饰公司体育直通车（Sports Direct）的创始人迪克森（Dixon）和迈克·阿什利（Mike Ashley）就是如此，他们通过出售自家公司股票并以更低的价格买回，获得了丰厚的利润。

股东

股东基础是我第一步审视就要盖章的内容之一，如果某些股东已经在股东名册上，我会感到欣慰。一个关键问题：大股东最近是在买还是在卖。

我偶尔会跟行业中的翘楚人物对着干，他们卖的时候我买进，或者卖掉他们持有的股票，但是我在这么做之前一定会考虑清楚。如果像TCI或兰斯多恩（Lansdown）这样研究出色的顶级对冲基金已经持有你持有的某只股票的大量头寸，而且最近还在加仓，那么几乎可以肯定他们做了比你更充分、更出色的功课。

这种股东分析信息在彭博（Bloomberg）上一目了然。在美国，涉事公司有信息披露要求，所以我们很容易看到谁持有什么股票。有许多网站致力于此，或者你可以使用美国证监会网站的搜索工具[1]。同样地，许多发达市场的股票交易所都要求投资者持有的股票超过一定数量时必须进行披露；在英国，这个数字是上市公司股本的3%，此后每超过1%的临界值都必须再次公告。

股权集中度是另一个重要因素。我会仔细地寻找股权集中度再也无法上升的迹象：股价已经在下跌，大股东已经不再逢低买入拉低平均持仓成本，基本面开始偏负面，此时它亟须新的投资者进入，这只股票可能是一个很不错的空头选择。

相反，股东名册上的"快钱"的出现（特别是空头的兴趣过高时）成为我主要担心的问题。你可能还在享受股价上涨的过程，它们就因为与股票完全无关的原因而决定突然退出，那这就变成一个真正的问题。

AA公司就是这样的一个典型例子，该公司是我提交给2017年佐恩伦敦投资创意大赛（Sohn London Investment Idea Contest）的一个想法（我是4名决赛选手之一）。在这场比赛中，每位选手都可以向评委小组提交一份研究报告，获胜者可以在会议上展示他们的想法——这场比赛由一家重要的慈善机构资助。AA公司的股权非常集中，如表6.1所示。

表6.1　　　　　　　AA公司的主要股东（2017年第四季度）

股东名称	持股比例	宣布时间	累计持股比例
欧洲帕尔乌斯（Parvus）资产管理有限公司	24%	2017年10月9日	24%
美国资本集团公司	16%	2017年1月31日	40%

[1] www.sec.gov/edgar/searchedgar/companysearch.html.

股东名称	持股比例	宣布时间	累计持股比例
伍德福德（Woodford）投资管理公司	14%	2017年9月27日	54%
花旗环球金融有限公司	8%	2017年10月11日	62%
黑石公司（Blackrock）	6%	2017年9月29日	68%
标准人寿投资公司	5%	2017年4月12日	73%
高盛集团（Goldman Sachs）	4%	2017年1月31日	77%
英杰华集团（Aviva plc）	4%	2017年1月31日	81%

资料来源：AA公司2017年会计账户和2017年后续RNS文档（经济利益部分）。

我对花旗集团和高盛的持股进行了折算，因为它们很可能是代表帕尔乌斯（Parvus）公司持股的，但仍有69%的股份掌握在6家机构手中。要想做空该股票，你需要了解帕尔乌斯的意图。该基金公司在克里斯·霍恩爵士（Sir Chris Hohn）的支持下，很可能展现出聪明、激进的一面，同时有明确的计划。

其他大部分股份都是在公司发行新股的当天或附近时间买入的，因此，可以想象出他们相信管理团队会落实成本节约计划，显著改善现金周转情况。

然而，管理团队已经发生了变化，新的首席执行官在节省开支的问题上退缩了。这表明，这只股票存在集中度枯竭的成分，大股东会发现他们很难脱身。此外，目前较高的持股集中度影响股票的流动性，妨碍了潜在买家进入的积极性。

这是关于股东名册信息内容的一个很有代表性的例子——它可能是影响投资决策的更为关键的因素之一。我的基本面研究表明，股权过于集中是股价下跌的一个重要支持因素。

小结

到这一阶段，我已经很好地理解了公司的业务性质、公司质量以及驱动公司盈利的关键因素。这些都需要对公司和行业进行广泛的研究。我研究了需求和供给的性质，研究了护城河，并评估了盈利的可持续性。我还研究了股市的相关因素，比如股东基数，这可能会在很长一段时间内影响股价。然而，定性方面的分析工作还没有全部完成。

在研究公司财务之前，下一章我先讨论一下公司的管理——在这一分析领域有很多观点。

07

公司管理

管理是决定公司业绩的一个至关重要的因素。它是最难评估的领域之一。对此，需要考虑既有定量的，也有定性的。本章将回顾诸如薪酬和激励等定量问题，以及更加主观的评价问题，包括投资者是否应该与管理层见面。还将讨论由创始人领导的企业的优点。

7.1 提出问题

了解一家公司关键是要对公司的管理和公司治理进行评估。重要的是，一些客观的分析甚至可以在不与相关人员见面的情况下进行。在下一节我们会进一步讨论一些软因素。

首席执行官（和首席财务官）的背景如何？他们的前同事、投资者和其他人对他们有怎样的评价？他们的经验和以往的业绩如何？他们是否曾经在一个具有类似特征的行业中取得过成功，或者他们是否曾经在需要技术转移的行业中取胜？

这家公司的管理团队是否稳定？还是说担任过首席执行官不止一人？如果是后者，是什么让人相信现任首席执行官能坚持下去？

管理层善于分配资金吗？这是一个关键问题，但从他们对投资界发布的声明的语气，以及公司回购、特别股息、收购和资产处置等方面的记录来看，这相对容易评估。

有内部人士在交易公司股票吗？如果有，他们的持股比例是多少？为什么？

如果这是一个家族企业，该家族是否有意愿委托职业经理人管理？下一代要多久才能获得控制权？

这家公司是好雇主吗？员工流失率是多少？该公司是该行业的首选公司吗？

企业文化是否稳定，管理流程是否强大？

• 公司通常从内部提拔首席执行官吗？

• 员工是公司股东吗？员工是否愿意为公司的成功而投入？员工是否认为自己受到了善待？

• 管理团队在经营企业过程中是否具有创业精神？对于受监管的企业，它们是否与监管机构保持着建设性的关系？

董事会的沟通是否高效？研究10-K报告、电话会议记录和类似的投资者沟通记录，你可以在不用参加管理层线下会议的情况下获取很多关于管理层心态的信息。

• 他们是否会讨论资本配置问题，该问题在讨论中是否处于优先地位？

• 他们会谈论每股业绩吗？这是一个衡量管理层是否了解资本配置的指标。

• 他们是否会讨论自由现金流的创造问题？

• 他们谈论现金回报和现金创造问题吗？

• 或者他们更多地谈论扩大公司版图建设和公司规模问题？如果答案是肯定的，那应该是一个危险的信号。

这些指标在管理层与投资者沟通中的重要性让我们能够真正洞察管理层的心态。沃伦·巴菲特（Warren Bufett）致股东的信是最好的沟通范例，其他人的则多多少少有广告之嫌。

一般来说，好的致股东信会指出对公司来说什么是对的，什么是错的，针对公司的战略和目标审查相关的KPI（关键绩效指标），帮助读者理解管理层的决策过程，并解决资本配置中的关键问题。致股东的信写得好的还有下一步公司（Next）和星座软件公司（Constellation Software）。下一步公司的沃尔夫森勋爵（Lord Wolfson）显然是英国（甚至欧洲）最善于传达管理层对股东友好态度的沟通者。

观察董事会成员的构成很重要。公司治理是否到位？

· 检查董事会的构成——董事会里不应该有亲属。

· 董事长和首席执行官角色分离更合适。

· 非执行董事应该完全独立，过去不应该与其他董事合作过，也不应该在同一家公司担任执行经理（这比你想象的更难找）。

· 董事会的规模不应大到难以控制的地步——例如，欧扎克银行（Bank OZK，前身为Bank of Ozarks）共有18名董事。其执行委员会有7名成员。哪个更加有效显而易见。

董事会应该是关键利益相关者的代表，并且应该足够多样化，能够就相关问题提出不同意见。让我用拉夫·劳伦（Ralph Lauren）服装公司的董事会成员表来表达我的意思，我认为这家公司的董事会还不够多样化（见表7.1）。

表7.1　　　　　　　　拉夫·劳伦的董事会（2018年7月）

董事姓名	年龄（岁）	任董事年限
拉夫·劳伦（Ralph Lauren）	78	21
约翰·R. 阿尔琴（John R. Alchin）	70	11
阿诺德·H. 阿伦森（Arnold H. Aronson）	83	16
小弗兰克·A. 本纳克（Frank A. Bennack, Jr.）	85	20
乔伊斯·F. 布朗博士（Dr Joyce F. Brown）	70	17
乔尔·L. 弗勒锡曼（Joel L. Fleishman）	84	19
胡伯特·乔利（Hubert Joly）	58	8
大卫·劳伦（David Lauren）	46	1
帕特里斯·路威（Patrice Louvet）	53	1
朱迪思·麦克黑尔（Judith McHale）	71	14
罗伯特·C. 赖特（Robert C. Wright）	75	11
平均值	70	13

资料来源：各自公司的公告文件。

这不仅仅是因为董事会中只有两名女性。我猜测（我承认我对此并不真正的理解）拉夫·劳伦公司的典型客户是40多岁的男人。值得注意的是，董事会只有两名55岁以下的男性，其中一位是首席执行官，另一位是创始人的儿子。这两位都是最近任命的，他们的加入将董事会成员的平均年龄拉低了5岁。我敢打赌，如果不是因为他们与公司之间的联系，这两人都不会去商店购物。

董事会的成员显然颇有经验，但我们很难看出为什么他们特别适合管理这家公司的战略，这家公司正被在线零售商、社交媒体和在线服装领域的新技术颠覆。其中一个例子就是佐佐公司（Zozo），这是一家新型的日本紧身衣公司，它可以捕捉你的所有尺寸，并创建你身体的3D图，以便在网上销售定制西装。我很难想象拉尔夫·劳伦公司的董事会会提出并讨论这样的倡议。

激励方案

对管理者进行定性评估是一门难度很高的艺术，但不离开办公桌也能获得一定程度的舒适度。定性评估的目的是确定管理层是否"站在"投资者一边，同时判断他们的目标和激励措施是否适当且一致。现实却令人惊讶——除了每股收益和股价表现，许多公司并没有更多面向高管的激励。

管理者与股东的利益是否一致

认真地看看公司的薪酬计划——管理层的利益与股东一致吗？他们必须达到什么目标？这是否涵盖了某种形式的盈利标准？还是仅仅基于每股收益和股东总回报？越来越多的证据表明，当管理层薪酬包含了盈利要求时，公司股票表现更佳的可能性更大。要注意那些没有坚实基础的每股收益增长标准——这会鼓励管理者进行收购（如今的大多数收购都会自动提高每股收益）。

• 合理的补偿水平，高到足以让实现目标的愿望看起来非常理想，但又并非荒谬——如果面对的是数千万甚至数亿美元的诱惑，人们可能会诉诸欺骗来达成目标。

- 在首席执行官、首席财务官和部门管理人员之间公平分配业绩任务，并激励团队合作。

- 一家好的公司（尤其是在消费领域）会在高层管理层薪酬方案中设计一些可持续性措施，公司拥有获取相应资源的安全措施。如果缺乏这些措施，则应敲响警钟。

- 管理层持有多少股票？他们最近是在卖出还是在买入本公司的股票？在股价图上绘制出这些内幕交易活动，或使用彭博社的相关功能。我对首席执行官们出售他们持有的部分股份没有意见，他们这样做也是谨慎的。一些首席执行官对公司股票上涨的判断比较精明，值得我们学习。例如，英国著名体育用品零售商体育直通车（Sports Direct）创始人迈克·阿什利（Mike Ashley），虽然讨厌他的人很多，也曾被投资界痛骂，但他个人通过公司股票交易赚的钱比任何专业投资机构都多，这值得大家关注。

- 这家公司会支付特别股息吗？这样的股息计划往往标志着公司对"局外人"的心态［取自威廉·托恩代克（William Torndike）的《局外人》（Outsiders）一书］，以及管理团队致力于实现股东价值的理念。

激励措施的定量分析方面引起了投资者的极大兴趣。在理想情况下，公司应该主要以投资资本收益率作为管理团队的激励指标。但是，在关于该主题的投资学文献中，这种情况比你想象的罕见。如果激励不是基于收益率，那么至少应该考虑每股收益增长、股价表现或股东总回报，最好是与适当的同行相比的某种形式的相对指标。

根据多家银行的研究，管理层受到基于资本回报率指标的激励的股票比那些受到每股收益增长、营收增长、股东总回报或现金流等指标激励的股票表现更为优异。我看到的每一项研究都得出了相同的结论：应该激励经理人保持或提高资本回报率。

对同行公司的选择可以告诉你董事会对企业的许多看法；例如，美国最大的休闲餐饮连锁企业达顿公司（Darden）就将多家零售商视为其同行公司，表明董事会理解该公司对消费者支出的依赖。同行公司名单所包含的名字不应使您感到害怕或惊讶。如果其中一个名字很显眼，请询问你自己为什么它会被包括在内。如果你无法回答，可以给公司的投资者关系代表发邮件，因为这可以让你更多地了解董事会是如何看待一家企业的，可能会带给你一些令人惊讶的见解。

美国和英国的一些首席执行官非常青睐每股收益增长目标——WPP的马丁·索瑞尔爵士（Sir Martin Sorrell）曾是最具代表性的例子。对于像索瑞尔这样的人而言，这是解释他们的财务模式以及他们将如何实现增长的绝佳方式。我对此类做法持不同的观点。基于每股收益增长的目标鼓励收购和激进的会计方法，而此目标通常与实现每股收益增长所使用的资本无关，而资本才是更为关键的因素。

好消息是，作为一名投资者，你至少了解了激励目标；当你觉得目标的挑战太大时，这尤其有用——对这类目标的下调通常会带来股价的灾难。投资者普遍认为资本回报率激励比每股收益激励目标更有效，这一点也得到了学术研究（以及卖方研究）的证实。

我总是试图记住这一点：通常来看，行业是比首席执行官更为强大的驱动因素。资本配置需要时间，而且在很大程度上是前任首席执行官的职责。在派息较低的公司，新任首席执行官配置的资本比例增长相对更快。

图7.1显示，对于一家派息率为50%、税后回报率为10%的公司，10年后仍有60%的资本是由前任首席执行官配置的。对于派息较低的公司（例如派息率为10%的公司），10年后，现任首席执行官将贡献60%的资本。但即使是如此低的派息率，前任首席执行官在10年后对资本的贡献率仍要占40%，这比大公司首席执行官在平均工作期限内的比例还高。因此，对于首席执行官来说，要实现真正的改变，可能需要收购或资产处置（这本身也是有风险的），或者改变员工态度，或者在产品营销上作出重大改变，这两者的实现难度都是非常大的。

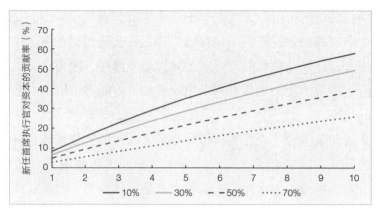

图7.1　在10%的回报率和不同的派息率假定下新CEO的资本配置贡献率

资料来源："读懂资产负债表"（Behind the Balance Sheet）的估算。

关联董事

管理层的历史记录相当重要（尽管通常已经反映到股价上了）。我喜欢记录首席执行官、首席财务官和重要的管理人员在他们各自岗位上的工作期限，以及他们前任的工作期限。自大众汽车丑闻以来，当我得知其首席执行官的妻子也是董事会成员时（正如之前提到的，这一点我没有注意到，当然也从未在分析师的报告中读到），我开始更加关注上市公司的董事会构成。

除了创始人股东这种情况（即便如此），我也不希望看到家族成员进入董事会。时任瓦索尔公司（Wassall）的首席执行官克里斯·乔克·米勒（Chris 'Jock' Miller）曾经成功地说服了我，让他的父亲担任董事长不会带来风险，因为他的父亲会毫不犹豫地告诉他该做什么，这是相当明智的。但乔克是一位天赋异禀的经理，他帮助沃索尔公司和此后梅尔罗斯公司（Melrose）的股东赚了很多钱。

关系网是董事会同样阴暗的一面——这种情况不限于英国。有个名为"视觉资本主义"（Visual Capitalist）的网站制作了一张美国前100家公司中相互关联的董事会的图表。各公司的执行董事和非执行董事经常相互出现在彼此的董事会，这种现象是如此的普遍，就像一张蜘蛛网。

要确定谁在董事会好谁不好是完全不同的事情。实际上，我对一些在富时100指数成分股公司担任多家董事会主席的行业领袖极为警惕，因为以我的经验来看，他们往往对公司一无所知。我不喜欢点名的原因很明显，在与一位金融城的大人物（他同时兼任三家富时100公司的董事会主席）共度1个小时之后我说服了自己不要投资其中任何一家公司。事实上，10分钟就足够了。

另外，我跟踪的许多董事会主席也是我尊敬的人——比如英国特易购和巴莱特开发公司（Tesco and Barratt Developments）现任董事会主席约翰·艾伦（John Allan）——但这是一个非常私人的问题。总体而言，我认为最好不要指望管理层会变戏法，因为再有才华的管理团队也会被糟糕的行业打败。

管理层的变动

如果可能的话，监督中高层管理人员的变动是极有帮助的。高层的大规模变动通常意味着出了问题——特斯拉（Tesla）就是一个非常好的例子。有时，这可能是新任首席执行官新官上任清除异己的活动，否则可能反映出管理层的焦虑。无论如何，它总是值得进一步质疑。

我们很难发现管理层的变动，但是复杂的数据分析可以提供些帮助。做空的投资者通常善于发现陷入困境的公司中层管理人员的变动；这是能够观察到的，但是非常耗时。大型投资者可以从领英（LinkedIn）及该公司自己的网站上获取信息以监测这些变化。在这些领域，大数据挖掘是一个潜在的机会，这对一小群专业投资者有利。但私人投资者很难做到这一点，尽管谷歌警报可能有助于识别管理层的异常变动。

你应该与管理层见面吗？

就像股票市场的大多数情况一样，关于如何处理与管理层见面的问题，有两种思想流派。

1. 反对与管理层见面的观点

在这个阵营中，像特里·史密斯［Terry Smith，方德史密斯公司（Fundsmith）非常成功的创始人］这样的人就认为，答案都在数字中，与管理层见面毫无意义。他们要么不知道会发生什么，要么会撒谎——他们很少会告诉你坏消息。同样，施罗德公司（Schroders）的价值投资经理尼克·克拉奇（Nick Kirrage）认为，管理层就应该把时间花在经营企业上，而不是花在会见股东上。

我理解这种情绪——首席执行官之所以能进入大型组织的高层，是因为他们具有说服力，而且往往风度翩翩。机构投资者不太可能对管理层作出足够准确的判断从而持续创造阿尔法收益。一些非常受人尊敬的，拥有出色业绩记录的基金经理曾私下里向我承认他们并不认为自己有准确判断管理层的能力。

一旦一家公司的首席执行官被公认为明星并且有了优秀的记录，这一般会反映在股票的评级或盈利倍数上，所以，一般情况下，产生阿尔法收益的空间较为有限。

或许，反对倾听管理层意见的最佳论据来自行为金融学。分析师行业最聪明的思想家之一——詹姆斯·蒙蒂埃（James Montier，现就职于某转基因公司）的解释最为恰当，他列举了5条不与管理层会面的理由：

• 与管理层见面只会让你淹没在信息中，不会为你带来更明智的决定，只会浪费时间、制造噪声。

• 管理层很可能对自己的企业过于乐观——他们通常不会建议你卖掉他们的股票。总体来说是如此，不过也有少数人，如安本资产管理公司（Aberdeen Asset Management）首席执行官马丁·吉尔伯特（Martin Gilbert）无所顾忌地声称股票的市场表现超出了公司重要事件所代表的价值。

• 确认偏误：意思是你只听你想听的，盲目自信。我认识一位基金经理，他在收到某上市公司盈利预警后拒绝与该公司的管理层会面，以便于对股票作出冷静的判断。

• 蒙蒂埃（Montier）相信，我们有一种与生俱来的服从权威的倾向，因此分析师可能会被高管吓唬住。年轻的分析师们面对重要人物时尤其如此——人们见到行业巨头时会很兴奋，也会相信他们说的话。

· 我们不擅长发现欺骗。我们当然是希望自己擅长发现欺骗行为，但事实显然与此相反。

2. 赞成与管理层见面的观点

在这个阵营中的执迷者仔细研究管理层的每一句话，并试图通过研究企业的每个细节来创造某种形式的信息优势。这也是浪费时间。

我认为，在你开始大规模投资某只股票之前，你应该与公司的管理层会面，原因很简单——如果他们看起来很诚实，这会让你感到心安。

与一个公司的管理层交谈可以让你更好地了解他们的业务是如何运作的，同时可以了解他们如何看待行业趋势——他们比任何人都更了解自己的业务。

他们还可以提供对客户（尽管他们可能对批评保持沉默）、供应商和竞争对手非常有价值的见解。与对自己的公司相比，他们更有可能对相关公司持开放和真诚的态度。

一旦你拥有了某公司的股票，与公司管理团队的定期对话就是有用的，因为它可以让你提前发现麻烦的信号——经过一段时间的沟通之后，管理团队可能会对你放松，他们的肢体语言可能透露出某个问题正在酝酿中。

一些投资组合经理表示，识别优秀经理的能力是一项核心技能。比尔·阿克曼（Bill Ackman）就是一个著名的例子，但支持威朗制药（Valeant）的迈克·皮尔逊（Mike Pearson）对他来说是一个巨大且代价高昂的错误。

对投资者来说，评估管理质量是最困难的事情之一，但与管理层会面有助于帮你评估他们是不是值得信赖的管理人，并观察是否存在战略偏离或问题的早期预警信号——那是我能力的极限。

3. 仔细且批判性地倾听

在我看来，认为不应该与管理层见面的观点是错误的。我认为你应该仔细倾听，只是不要觉得自己有义务去相信他们的话。让我给你举一些管理层对我撒谎的例子——如果仁慈一点儿说的话，那不一定是出于欺骗的目的，或许更多的是出于天真或愚蠢——另有一个管理层说了真话，但给我留下了错误印象的例子。

一家规模很大的财富500强公司的部门主管告诉我，他的年回报率是20%，他的老板总是要求更进一步。他在第一点上撒了谎——我后来证实，他的回报率要高得多，而且吸引了大量资金进入该行业，从而破坏了其高回报率——而第二点应该足以让一个理智的人避而远之。

永远不要低估股价趋势的重要性，以及一个具备说服力的管理团队在短期内左右市场的能力。我让一家欧洲公司的首席执行官和首席财务官在完成一项大规模收购案之后来见我，他们赌上了整个牧场，随后却险些破产。在他们进入时，很明显他们不知道自己买了什么；事实上，我认为我比他们更熟悉这家公司，而他们在这笔交易上花了100多亿美元。如果我没有对被收购的公司进行非常细致的研究，他们会非常令人信服。事实上，他们确实是在所谓的高潜在收益的故事中成功地推高了股价。我们的做空交易最终虽然成功了，但时机不佳。

在欧洲低成本航空公司瑞安航空（Ryanair）和易捷航空公司（easyJet）上市初期，我曾说服客户卖空瑞安航空，因为那个冬天的市场容量增长远远快于需求增长。我们很明智地做空该公司，在瑞安航空发布盈利预警的几个月后，我们有了40%的收益。瑞安航空的主要竞争对手易捷航空的首席执行官声称他们未遇到这样的问题。我的顶级客户同意把瑞安航空的空头换成易捷航空的空头头寸，在瑞安航空发出警告、易捷航空否认之后，易捷航空股价当时只下跌了几个百分点。我们又花了几个月的时间在易捷航空的股票上实现了70%的空头收益。当我后来私下问易捷航空时任首席执行官雷·韦伯斯特（Ray Webster）当时发生了何事时，他承认自己错误地判断了航班预订量曲线。他可能不是最聪明的首席执行官，应该在瑞安航空出问题时就意识到这一点，但他的否认是诚实的——

他真诚地相信易捷航空会好起来。

我曾前往海外的一家工程和建筑公司考察某炼油厂新项目。我和这个价值数十亿英镑的项目经理一起驱车很长时间，他说他累了，准备退休后住到他用出售股份的钱购买的新房子里。那天晚上吃饭的时候，该项目分部的负责人告诉我，他也感到很疲惫，也在计划退休。当我离开时，我非常担心这个部门的高级人才储备。该部门严重依赖十几位有能力管理这些大型建设项目的高级人才，可惜他们对工作不再投入，而且在最近的首次公开募股之后，他们已经足够富有，不需要工作了。我建议卖出这只股票，因为它存在不可量化的风险，结果却是它在接下来的12个月里翻了一番。

前三个例子告诉我们的是管理层也是人。他们或许天真、愚蠢，或许有自己的目的——通常都是为了支撑对他们的财富至关重要的股价。我得出的结论是人们需要倾听管理层的意见，但之后要自己拿主意，尽量不让自己受到过多的影响。当然，这很难做到，但对我而言，对管理层的意见视而不见是毫无意义的，因为他们总是最能告诉你正在发生的事的人选。

第四个例子完全是我自己的错误，尽管我不确定放在今天会不会得出不同的结论——风险是显著的，尽管它最终并没有在实践中发生，这就是纳西姆·塔勒布（Nassim Taleb）不同版本历史观的一个很有代表性的例子。

所有这一切都成为从管理层获取信息的一种技巧——在那次海外访问中，我通过与公司管理层建立私人关系，成功说服其高级经理们信任我，向我吐露心声。这在公司会议环境中很难做到；与经验丰富的《财富》500强的首席执行官建立融洽关系并提出开放性问题是行不通的——他们太聪明了。但令人惊讶的是，肢体语言会泄露秘密，即使是最谨慎的高管也可能会在他回答问题的方式（而不是回答的内容）中透露出他的担忧。

• 有时，首席执行官没有问过自己而其他人也没有问过的问题很能说明问题的严重性。20世纪90年代中期，我曾经向时任英国航空首席执行官的鲍勃·艾林（Bob Ayling）询问他们推出当时全新的私人包厢后，来自商务舱的收入占多大比例——他不知道答案；而且管理层中没有任何人问过自己这个简单的问题。后来，他在首席执行官的位置上没坚持太久。

· 我们向一家亚洲大公司的投资者关系部负责人询问到凌晨4点，该公司经营着时髦的夜总会；他喝得烂醉如泥，我们想知道什么他就会告诉我们什么。

· 在纽约的一家四季酒店与一家《财富》500强公司的首席执行官共进晚餐时，我们给他灌了一瓶质量上乘的葡萄酒，于是他表现得极为自负。

· 首席执行官有时会撒谎——在我的老板投资的一家私人公司里，公司魅力十足的女性首席执行官对调情比对解释公司最近的业绩更感兴趣。后来我们发现它是一家骗子公司。

对那些特别有才华的首席执行官的离职，我们需要仔细评估。乐购（Tesco）的特里·莱希（Terry Leahy）便是一个很好的例子——在他制定的战略开始出现问题之前，他就在合适的时间退出了。2017年，人们认为康帕斯公司（Compass）的理查德·考辛斯（Richard Cousins）的离职是安全的，因为该公司当时拥有强大的市场地位，但事后看这显然代表着风险。绝对强势的首席执行官的离开——比如杰克·韦尔奇（Jack Welch），或者如今霍尼韦尔（Honeywell）的戴夫·科特（Dave Cote）——可能会在企业观念和现金流方面留下黑洞。

我怀疑是否存在任何简单的规则来评判管理层。但是你的投资过程可以控制管理层评估错误带来的风险。我唯一的建议是认真观察和倾听，尤其是在会议中，如果你觉得可能有风险，就削减你的头寸。你也许会错过——比如杰克·韦尔奇的继任者最终在市场上树立了更高的形象，但这种情况发生的概率有多大？而且，如果公司的业务持续时间比管理者更久，你随时还可以回去。

私人投资者可以做什么

虽然会见管理层，尤其是在富时100指数或标准普尔500指数里的重要公司，主要是专业投资者考虑的事情，但私人投资者也有很多机会与各大公司接触：

- 公司盈利电话会议记录是免费的。

- 许多大公司会通过网络直播投资者活动，例如"资本市场日"（Capital Market Days）——私人投资者可以借此观察管理层的陈词和回答。

- 一些机构（如英国的ShareSoc）组织的不少活动，使私人投资者有机会与投资者关系专业人士见面。这可能和会见首席执行官不一样，但一位优秀的投资者关系总监会出色地介绍公司业务及其策略。

- 年度股东大会是与管理层接触的另一个好机会，但大会往往受到严格控制，通常，这些对话活动很难为投资分析过程带来真正的价值。但情况可能已经在发生改变，但无论我是卖方还是买方，尤其是买方分析师时，我一般不会参与年度股东大会。

- 发给投资者关系团队的电子邮件可能会收到回复，尽管并非总是如此。

7.2 伟大的管理者

通过观察伟大的公司和伟大的管理实践，你可能会获得一些积极的信号，明白应该寻找什么，而不是应该避免什么。不幸的是，这样的例子并不多，通常是实际应用而非方法，是软件而非硬件造成了差异，所以无法复制。但在与亚马逊一位前高管会面时，仍然可以从其独特的管理风格中挖掘出有趣的内容。

尽管亚马逊的经理们拥有试验的自由，也有时间看到这些试验开花结果，但亚马逊的工作环境非常紧张，他们的注意力高度集中。他们可用的工具有很多，例如内部API（应用程序编程接口或自动化集成工具），它们都是免费的。在我看来，一个关键因素是严格的操作纪律，每家企业每周都应撰写一份内部总结表。负责某个国家业务的领导人每周会有1万个指标，他所要做的就是寻找红色的数字。

亚马逊的决策过程很有趣——他们的内部讨论分为单向门（作出的决定不能被推翻）和双向门（决定可以被推翻）。他们需要花更多的时间来决定是否选择前者，因为放弃实验的难度和成本要高得多。亚马逊的利润率很低，但它的商业经济和回报是由其负的营运资金和极高的库存周转推动的（比沃尔玛的月度周转还要好）。

显而易见，亚马逊是一家管理出色的企业，投资者可以从中吸取经验，特别是当亚马逊前员工去经营其他业务或者某家公司讨论采用亚马逊的理念或做法时。然而，实际结果很少像管理过程那样具有可复制性。

7.3 创始人领导的企业

由创始人领导的企业往往表现更为出色。这是经过大量研究得出的结论，也是一个被普遍接受的原则。管理咨询公司贝恩公司（Bain & Co.）就此发布过研究报告，该报告表明，从1990年开始的25年，创始人领导的公司的股东总体回报是其他公司的2倍以上。

瑞士信贷（Credit Suisse）也开展过类似的研究，结果显示从2006年开始的10年多时间里，创始人领导的公司的表现超过其他公司50%。他们的研究表明，家族企业在各个地区都表现优异，从亚洲（日本除外）的年增长3.1%，到欧洲的年增长5.1%，这一趋势在各个领域都出现过。当然，这种影响在一定程度上要归功于少数大型企业的出色表现，尤其是美国的亚马逊和欧洲的路易威登（LVMH）。

在为2017年伦敦价值投资者大会（London Value Investor Conference）搜寻投资想法时，我发现了一只我从未听说过的基金——夸乐资本公司（Quaero Capital），它在其欧洲小盘股基金中采用了深度价值策略；同时它证明家族企业的表现要优于其他企业——他们估计，2002年至2016年，德国Dax指数中家族上市企业的回报率为397%，而德国Dax指数的总体回报率仅为149%。他们将家族企业定义为至少控制监事会20%权益的企业。家族成员充当公司管家，但他们经常将管理外包。

所有这些都非常有道理，尽管我还没有看到任何详细的研究。家族企业表现出色的原因包括：

- 从长远角度思考，而不是着眼于财务季度
- 风险规避与保守主义
- 强有力的资产负债表和对债务的厌恶
- 避免稀释股权摊薄——不愿发行股票
- 谨慎的收购政策
- 慷慨的股息政策保证了丰厚的收入回报

一些投资者认为富二代更像是负债，而不是资产。想想拉尔夫·劳伦（Ralph Lauren）在21世纪第一个10年中间的挣扎吧；想想文森特·博洛雷（Vincent Bolloré）把工作移交给他的儿子雅尼克（Yannick）；或者历峰集团（Richemont）创始人约翰·鲁伯特（Johann Rupert）在2017年任命他29岁的儿子进入董事会。几乎可以肯定的是，并不是所有人都是这些职位的最佳候选人，这自然代表了一定的风险。

坊间传言称迪士尼将收购福克斯的一些资产时，人们谈论的是詹姆斯·默多克（James Murdoch）将前往迪士尼，成为迪士尼下任首席执行官的潜在竞争者。这说明了投资创始人领导的企业所存在的问题——迪士尼为这些资产支付的价格可能会受到为家族成员提供职位的承诺的影响。因此，我的基本原则是，第一代创始人是可以接受的，而且可能是积极的；第二代继承人更可能带来风险。尽管人们希望他们成为谨慎的管理者，同时不应该做任何愚蠢的事情，但少数股东成为弱势群体的风险依然存在。

这不是一个孤立的问题，亚洲市场尤其如此。香港本土的大正资本（Chartwell Capital）创办人陈惠仁（Ronald Chan）认为，2017年在香港H股市场上市的2075只股票中，有968只为家族所有。其中许多公司，包括一些规模最大的本地公司（主要是香港房地产企业集团），目前正经历从创始人到第二代继承人接班的问题。在考虑投资这些企业股票时，必须注意到这些风险。同样，家族控制的企业

也存在风险，即他们的行为可能并不总是符合少数股东的最大利益。

在创始人领导的公司中，这是一个颇具吸引力的群体。一个靠自己（而不是继承）积累了10亿美元财富的人很可能会继续取得成功。尽管有时这一过程充满坎坷，绝非一路坦途，但大多数亿万富翁都值得支持。

通常，这些富翁的投资策略是不明确的，需要信任才能获取。小股东有时会处于不利地位；这在韩国等新兴市场更为常见。一般而言，发达市场的公司治理效果更好，这为投资提供了某种保护。

在美国和世界各地都有很多这样的例子。支持像约翰·马龙（John Malone）、鲁珀特·默多克（Rupert Murdoch）或弗朗克斯·皮诺（François Pinault）这样的大亨是非常成功的策略，而且没有必要白手起家。在这些人大获成功之后给予支持通常是一种制胜策略。

值得注意的是，威望迪（Vivendi）在2017年年中从自己的控股股东手中收购哈瓦斯（Havas）的控股权是一个例外。我看不懂这笔交易的逻辑——我不太喜欢这个价格——但除了给公司首席执行官发一封电子邮件，询问有关战略及其与股东沟通的问题之外，我无能为力。

就在不到两个月前，威望迪的首席执行官阿尔诺·德·普方丹（Arnaud de Puyfontaine）在一家大财团组织的早餐会上表示，公司近期没有与哈瓦斯合并的打算。他声称他有做一些事情的长期打算，但在那个阶段还毫无头绪。在管理层认为环球音乐集团（Universal Music Group）明显被威望迪股东低估的情况下（我非常同意这一观点），哪些事情发生了改变？董事会又是如何评估回购40亿欧元威望迪股票与收购哈瓦斯的相对优势的？

对于他们如何评估哈瓦斯的交易价值，存在一些严重的问题，因为他们支付的价格比全球领先的媒体机构WPP集团公司高[1]。在过去的23年，WPP的每股收益以15%的年率增长。为了收购哈瓦斯，

---

[1] WPP集团是全球最大的广告传播集团之一。总部在伦敦。其营业范围包括广告、公共关系、游说、品牌形象与沟通。——译者注

他们支付了近40%的市盈率溢价和一小部分企业价值倍数溢价。对控制权的溢价是可以理解的，但市场对中介机构的评估有所下降，它们估值的理由也不充分。他们声称会产生协同效应，但没有提供两家公司合作的具体例子，以及如何通过共同持股来提升、增强或巩固这种合作。他们也不愿提供任何成本或收入协同效应的估算。

管理层显然不愿回应投资者的这类询问。这很好地说明了与亿万富翁共同投资会遇到的风险，这些亿万富翁的战略眼光与众不同，他们可能在玩一个游戏，这场游戏需要付出的时间要比专业投资者所能承受的时间长得多。他们也可能另有目的，例如，从一项交易中获得好处，比如资产转移，但这将损害外部股东的利益。

避免与失败者一起投资并不是那么容易识别的事情。很多人在其他领域非常成功，但在股市操作时却未能发挥好自己的优势。森茨伯里（Sainsbury）就是一个很好的例子，罗伯特·琴奎兹（Robert Tchenguiz）和卡塔尔主权财富基金都为此付出了巨大的代价。在21世纪前十年的中后期，琴奎兹的股市投资命途多舛，但值得我们关注——因为他提供了一些非常棒的做空思路。

从2015年到2018年，曾在潘兴广场资本公司（Pershing Square Capital）非常成功的对冲基金经理比尔·阿克曼（Bill Ackman）犯了许多代价高昂的投资错误——他对加拿大威朗制药公司（Valeant Pharmaceuticals）的投资损失了20多亿美元。但是，不太为人所知的是，他在两家所谓的平台公司也出现了重大亏损，这两家公司专门从事企业兼并与整合业务（收购几家较小的公司并将其合并）。他的坏运气再一次提供了卖空的机会，特别是因为这样的业绩表现在公众眼中会引发基金赎回，再叠加卖空者（他们像秃鹫一样盘旋）就会对投资组合中的股票造成强大的抛售压力。

7.4 投资善待雇员的公司

帕纳萨斯（Parnassus）基金遵循简单的投资原则：在暂时的困境中，或者当市场对整个行业的前景持负面观点时，投资那些具有卓越的长期盈利能力的公司，这些公司也是有社会责任感的公司。我们要重点投资那些工作环境佳且善待员工的公司。

对员工关系良好的公司进行投资是明智之选。只要有可能，我都会努力寻找其他信息来源，无论是商业出版社、《经济学人》上的文章、专业博客，甚至是社交媒体。我发现，在推特（Twitter）和领英（LinkedIn）〔有一次是对媒介（Medium）公司〕上对某公司工作人员的评论可能会提供对该公司不同寻常的见解。

我尚未发现玻璃门（Glassdoor，一个雇员可以评论雇主的网站）上有特别有用的这方面信息，但我还没有对此作任何详细的研究。玻璃门上的评价往往是负面的，但与业内同行相比，其整体得分可能具备一些参考价值。我将玻璃门当作一种负面的检查方式，而不是用于任何积极方面的确认，因为公司很容易在结果上动手脚。

如今，很多对冲基金利用专家网络从前雇员和行业顾问那里了解企业情况。我认为员工关系将成为一个更富有成效的探索领域，在对年轻人才的竞争更为激烈的情形下尤其如此。

观察平均工资、员工持股比例和奖金计划也可以了解员工对工作的投入度。在考察专业服务或类似的公司时，进行这种评估显得格外重要。

小结

管理对投资的结果至关重要，但评估管理层却很困难，很难用一份清单来完成。在你买股前与公司管理层见面，买股后再定期见面非常重要。创始人领导的公司经常是具有吸引力的投资机会，甚至有些时候当市场不信任创始人时，可能还是更好的投资机会。

08

公司财务

到目前为止，本书讨论的质量问题主要涉及的是概念性的。我通常一开始就会仔细研究那些财务数据，但为了表达更清晰，在本书中我将公司质量问题和财务问题分开来讨论。

显而易见的是，为了正确地评估股票投资，有必要深刻地理解公司财务和会计政策。我在初步评估时主要关注一些关键参数，如收入增长记录、毛利率、营业利润率、投资资本回报率和现金创造等。我还会大致看看资本支出和营运资金的要求。

对于更详细的考察，我通常从了解会计政策开始，虽然我首先检查的是账目是否可信，包括检查审计报告、或有事项注释和关联方注释。对于是否值得做多（相对于做空一只股票，如果账目有误导性，通常很有吸引力），这些都是非常有价值的指南——我会在下文进一步解释原因。然后，我会看财务报表。

尽管我一开始就解释了这些财务账户重要的原因，以及它如何成为信息优势的来源，但我知道，通常的假设是每个人都会仔细地阅读这些账目，因此没有谁会拥有信息优势。但从我个人以及学术界的经验来看，事实并非如此。

8.1 查账要仔细

作为一名分析师，我的优势之一是持有两本会计资格证书，加上多年来的大量实践，我成为分析资产负债表方面的专家。我一直认为，相对来说，很少有投资者擅长这方面的分析，而一些最优秀的投资者就是凭借这种技能脱颖而出的。其中的佼佼者有埃格顿资本（Egerton Capital，全球最成功、历史最悠久的对冲基金之一）的负责人约翰·阿米蒂奇（John Armitage）；他以擅长分析公司账户，包括注释中的细节而闻名。

圣母大学（University of Notre Dame）的两位教授进行的一项学术研究证实了我的怀疑。他们研究了从美国证券交易委员会财务系统（EDGAR）下载的账户，得出的结论是，鲜有投资者会花费精力去仔细阅读这些账户：

"在上市公司年报发布的当天和第二天，投资者从EDGAR网站请求下载的平均次数仅为28.4次。在公告日当天，提出下载上市公司10-K报告申请的中位数只有9次。"①

这可能意味着查阅财务报告对严肃的分析师来说更加重要，因为它表明可能有未被发现的有效信息。老实说，当我怀疑投资者是否在这些账户上花费了足够多的时间时，我也对学术研究的结论表示疑虑——大多数投资者是通过公司网站的投资者关系板块或者通过彭博社等类似的终端访问这些财务报告的。

然而，通用电气时任首席财务官在《华尔街日报》的一篇文章中声称，通用电气2013年年报在其网站上的全年下载量仅800次。这可是一家拥有数百万股东的上市公司。究其原因，有可能是该公司的账目过于庞大臃肿——2013年该公司的10-K报告平均字数是42000字，比10年前多了1万字。例如，汇丰集团的财务报告最多超过了520页，它们还公布了几个子公司的账目。全部看完这些文件可

---

① 《投资者对EDGAR文件的使用》，作者是圣母大学的提姆·洛兰（Tim Loughran）和
比尔·麦克唐纳（Bill McDonald）。

能需要花半年的时间。通用电气2014年的报告（超过10万字/257页）的下载量达到3400次——我就是其中一位。

多年来，我发现很多投资者对年报不甚关注。我查阅了一位客户关于某只股票的内部记录，发现每一个数字都是从彭博社或类似的终端上粘贴过来的。因为该分析师（在一家非常成功的机构工作）承认没有打开过公司的财务报表，所以压根儿未提及公司的会计政策。

我做卖方分析师的经验证实了我的推测。当时，我正试图更好地理解美国一家价值750亿美元的大型集团公司某部门获得的回报。没有哪个卖方分析师能计算或估计出这个部门的收益。然而，当我重新阅读10-K报告时，我发现这个数字实际上已被披露了——在我调查的卖方分析师（我问了十几个）中，竟然没有一个人浏览过这些报表！我仍然觉得这件事令人震惊，尽管我知道美国对卖方分析师的限制，他们特别缺时间，常常只关注季度每股收益数据。

8.2 充分利用美国证监会的财务报告

尽管美国证监会的年报实际上似乎不太受卖方分析师的欢迎——数量庞大，需要阅读的时间过长，而且分析师的时间也不够——但它们可能包含大量有价值的信息，通常比欧洲、亚洲或世界其他地区的财务报表要有价值得多。

对于严肃的分析师来说，美国公司在某种程度上成为更好的投资选择，因为信息很容易获取，特别是有关企业定性描述的内容（它经营什么业务，它卖东西给谁，等等）；律师们详细地阐述公司的风险因素［如：因为我们在海外销售，因此美元汇率的变化会影响我们的销售数据）；而年报中的管理层讨论与分析部分（MD&A，management discussion and analysis）］需要阐明公司业绩波动的原因。这些都为新分析师节省了大量的时间。

在美国上市的外国公司必须提交20-F报告，我一直喜欢看这些报告，因为它们比传统的年报的内容更为丰富。然而，很少有分析师们愿意去读这些文件。

在我与瑞安航空公司（Ryanair）高层的第一次会面中，我遇到了时任首席运营官兼奥利里（O'Leary）副手的迈克尔·考利（Michael Cawley），他是一个非常好的人——有人说他与他的老板形成了鲜明的对比，但我一直觉得奥利里也非常专业，而且有趣。我向考利询问了某著名关键航线市场份额流失的问题，这让他感到吃惊。他问我是如何得知这些信息的，为了给他留下我工作勤奋的印象，我愚蠢地解释说我已经阅读了最近的两份20-F报告，并计算出列数上的差异。他回应道，他会在未来的版本中删除这些数据。此前，他从未被问及此事。

美国证监会还要求美国上市公司提交大量其他文件，而此类监管声明的内容和发布时间都可能包含有用的信息。事实上，有些研究机构除了浏览上市公司披露的不寻常信息外什么也不做——这是寻找空头机会的有效方法。他们在周五晚上某个时间段（股市收盘的下午4点到美国证监会公告窗口关闭的下午5点半之间）或感恩节前夜讨论这些公告，他们认为这段时间的探索是最卓有成效的。

8.3 理解会计：会计的四大技术领域

理解上市公司遵循的会计政策是至关重要的——否则可能会引发一些重大失误。根据我的经验，如果你不提前理解这些会计政策，那么你可能此后也不会去做。

当然，在我开始详细审查上市公司会计账户的时候，我已经较详细地了解了公司的性质和一些关键的财务参数。现在，我将致力于做深入的检查，涵盖企业账户中几乎每个数字和大部分的文本。但我采取的方法不太传统——我不是从最开始就这么做的。

在特里·史密斯（Terry Smith）《增长会计》（*Accounting for Growth*）一书中，他表示可以倒着读公司财务报告和账户——如果我没记错的话，读者可以从"或有事项"和"承诺事项"开始阅读。事实上，我并没有忽略财务报告精美的前100页，我只是从来没有从那里开始阅读。

　　倒着读财报也确实给我带来了麻烦，当我研究托马斯·库克（Tomas Cook）公司的财务报表时，我发现无法理解他们的法定现金流量——因为这些答案藏在了财务报告的前面。当然，你也应该查看年度报告开头未经审计的内容，因为它会包含有用的信息。但这是我最后才会关注的一件事，我一般从财务报告技术性最强的部分开始阅读。

审计报告

　　我首先要看的是审计报告。该报告包含了一些重要的信息，特别是近年来审计报告已经得到了改进。

　　• 审计报告——出具审计报告的会计师具有相应的资格吗？如果有，是否值得继续读下去？是否有需要注意的事项，尤其是在会计政策或是估值基础方面有何分歧？这些都是需要仔细审查和可能让你放弃该股票的危险信号。

　　• 审计师事务所的规模——哪一家公司参与了审计？你听说过这家审计公司吗？

　　• 审计师的变化——如果公司更换了审计师，那就要找出原因，看看前任审计师在任的时间长短，这一点很重要；如果他在任的时间较短，那就是另一个危险信号。

　　• 审计委员会——是否存在？其成员是否独立？

　　作为公司损益评估的一部分，我将审计费用的规模与公司的规模、营业额的基数以及与类似规模的竞争对手的规模相比较，以弄清楚审计费用是否合理，近年来它是否随着通货膨胀和业务规模的增长而增长。如果不是，这可能表明审计出了问题。

　　我还会担心，与支付给审计师的税务和咨询服务费等非审计费用相比，审计费用是否相形见绌。为非审计工作向审计师支付高额费用的客户，更有可能向审计师施加压力，使其接受忍受范围之外的会计决策。

　　在安泰士集团公司（Ontex）的例子中，两次重大的收购分别是

2016年墨西哥收购案和2017年巴西收购案。不可思议的是,这两笔交易都未产生大笔额外的审计师费用。在我看来,审计费用固定不变也是一个重大的危险信号(见图8.1)。

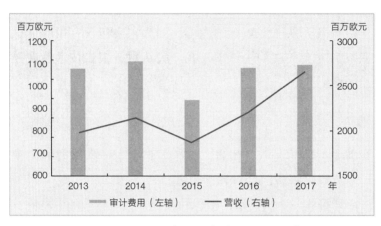

图8.1 安泰士集团公司(Ontex)的审计费用与营收情况

资料来源:"读懂资产负债表"(Behind the Balance Sheet),根据安泰士集团年报编辑得出。

或有事项和承诺事项

接下来,我关注的是或有事项和承诺事项——如果公司披露了一个根本性的、重大的不确定事件,单凭这一点就可能严重到足以让我搁置分析,等待公司的解决方案,除非股价诱人到无法抗拒。诉讼问题尤其难以评估——对损失和成功或失败的概率的估算的确难度极大,偶尔双方会讨价还价,对投资者而言更多时候是令人头疼的问题。

21世纪前10年中期的爱美克公司(Amec)就是这样一个棘手的案例。它的财务报告的或有事项有两页之多,其中一件诉讼事件是一座桥梁未能如期建成。这是一座大桥,可以想象整改成本可能与整个公司的市值相当。而这只是该公司诸多诉讼或有事件中的一件而已。

这种情况的问题在于,它为估值创造了一个非常广泛的结果区间,其风险也极难量化——解决这座桥梁建设争端的金额很可能轻松达到1亿英镑（这相当于当时该公司市值的10%）甚至更多。一般来说，在这种情况下，我倾向于去买其他的股票，因为获得信息优势或量化损失的机会很小。虽然在或有事件明确之前股价可能无法反映其全部价值，但有时我敢说，无论如何，某只股票的价格都算是便宜的。

有关关联方交易的说明

接下来，我想说说有关关联交易的账户注释问题。最好从一开始就去查看公司的关联方交易问题——如果对公司管理层或控股股东的诚信有质疑，那我们最好还是找下一只股票。一般来说，我们应尽量避开与关联方进行大规模、频繁或不寻常交易的公司，尤其是与首席执行官有关的交易，否则很容易让自己陷入欺诈风险之中。

董事辞职

我一开头就会关注的另一个问题是董事辞职，也许该事件会让公司的权力中心发生改变——这可能是无害的事件，但也可能是一个潜在的警告信号，我们可能需要向管理层询问该董事离职的原因。比如说，如果一位受人尊敬的非执行董事辞职了，而董事会似乎出现了一些重大分歧，此时我可能会暂时搁置该股票，等待事态的进一步发展。

如果我对以上四个技术问题的考察结果存有很大的疑问，我可能会放弃对该股票的继续考察。有时候也可能转向做空该股并继续研究。

接下来我将阐述会计政策。

8.4 对会计政策的考察：会计政策注释

分析师需要做大量枯燥、过时的案头研究工作。我认为详细阅读10-K报告或年报是开展深入分析的基本要求。会计账户披露事实的方式和措辞的准确性可以告诉你很多信息，尤其是当措辞发生改变的时候。

通过比较今年和去年的账户，可以回顾每年会计政策的差异。可以将这部分内容复制到Word中并使用"修订"功能来完成这个工作。我们只需点击鼠标就能通过彭博社和类似的工具使用这一功能，其他一些披露美国证券交易委员公告的专业网站也提供这一功能（它们是电子版本，可以在计算机上查询）。我过去每年都要亲自对我跟踪的所有卖方公司做这项工作。

读懂他们的言外之意是很重要的，问问他们为什么要用某种特殊的方式表达意思——有什么是我所期待的，又有什么被漏掉了？这在解读公司对会计政策的描述时尤为重要。

考察的目的是了解公司的会计政策是否保守，是否与同行保持一致。有时候，我们需要进行定量评估，并在对会计政策注释的初步审查中标注出应该引起注意的地方。我在下文列出了主要步骤。

会计政策的变化

我查看今年和去年的会计政策说明，基于估计（如折旧年限）考察会计政策的变化。我会自己计算以后折价金额，但有时折旧对年限范围会发生改变，例如，"工厂和机器在5~10年贬值"变成"5~15年"；这种变化通常意味着标准的放宽和盈利质量的下降。

我会检查我之前没有遇到过的所有内容，或者任何听起来不寻常、奇怪或与业务无关的内容。这在收入确认政策方面尤其敏感，它是篡改数据的最关键之处——在什么时候确认收入，在发货的时候还是发货之前？是否存在任何递延收入？我会对照资产负债表检查政策的一致性和具体数量。

长期合同

如果涉及长期合同，审查时一般需要与管理层进行沟通和详细讨论，最好是面对面交流。这是一个非常主观的环节，审计师不可能正确评估，因此需要额外的尽职调查。以这种方式计算收入的公司通常会面临更高的风险，审计师确认收入也更困难。

折旧政策

我评估折旧政策（是加速折旧还是直线折旧）、预估使用寿命和平均寿命（即资产的成本或账面总值/折旧或摊销费用）。这不仅包括传统的固定资产，也包括软件和其他无形资产。软件的折旧寿命是评估一家公司会计质量是否不佳的最好指标——如果需要10年或更长的时间来注销软件成本，这要么是首席财务官在挑战我们的极限，要么是公司跟不上技术发展的趋势。

达登餐厅（Darden Restaurants）就是一个很好的例子——该公司受到了一些重大的颠覆性趋势（比如外卖）的影响（也许表现不是那么明显）。然而，从最近的财务报告来看，它的软件的注销年限似乎超过了10年。此外，发生在一些银行的奇怪现象表明它们无法替换旧的软件系统——同样，这很难成为其股票看涨的信号。

存货估价

我经常评估公司存货估价的基础（后进先出还是先进先出等），同时注意任何不寻常的表达。我可能会检查存货清单以进一步澄清事实，我偶尔也会看到一些令人费解的报表。例如，新秀丽（Samsonite）曾在2016年和2017年对大部分存货进行了小规模的减记，但从其利润率来看，这种减记没有什么意义。在这种情况下，重要的是做好记录，然后跟进公司的投资者关系部门发布的公告。如果未能得到令人满意的解释，那么谨慎行事是明智之举。

商誉折损和无形资产摊销

我研究了商誉和相关的无形资产的摊销期，尤其是减值标准。减值标准在对实际商誉的注释中经常被提到，但这只是我对会计政策初步审查的一部分。无形资产（如客户资料）的摊销周期对企业的估值并不是至关重要的，但它反映了管理层的心态。

增长率和贴现率

在有关商誉的注释中，公司对适用的增长率和贴现率的假设，也可能预示着一种作弊的心态。当一家公司改变这些假设时，通常会有特别的启发意义。例如，2015年，狄亚公司（DIA）提高了未来五年葡萄牙业务的增长预期，但显著降低了西班牙业务的增长预期。

这揭示了管理层的心态——他们已经接受了这样一个事实：未来五年将比他们此前预测的困难得多。显而易见，未来五年的前景展望对公司的估值至关重要，因为在现金流贴现估值模型中它是计算公司剩余价值的基础，在贴现法中未来五年的权重比此后的时间要高得多。我还会留意公司的贴现率，以确保它们是合理的。

保守的会计方法

在考察公司的会计政策时，我需要确保公司在会计核算时足够保守，特别是当公司存在显著的担保或可疑的债务时尤其应格外注意。我会研究公司（利润表中）的坏账准备率，及其担保金额与现金支出的对比。

研发费用

对研发费用和资本化的处理是另一个敏感领域。有些公司采取了简单得可笑的会计政策，汽车行业可以提供很好的例子。让我们想一想2018—2020年发生的事情——特斯拉已经设计出了一系列全新电动车型。而那些汽车制造商摊销研发费用的速度依然过于缓慢。首当其冲的是阿斯顿·马丁（Aston Martin），在该公司2018年的损益表中研发费用仅为1150万英镑，现金支出为2.14亿英镑；其研发资产虽有摊销，但相对于资产而言仍然是很低的。

截至2018年底，阿斯顿的资产负债表显示该公司的研发资产为

6.53亿英镑，营收为11亿英镑。2017年，其研发资产为5.11亿英镑，而营收仅为8.76亿英镑！摊销的期限是多久？研发投资主要用于拉贡达斯（Lagondas）新电动车（上市日期不明）和计划2020年上市的运动型多用途汽车（SUV），董事们对以上项目投资的回报有多大信心？我认为答案是不明确的。

会计政策应该是合理的。假如我已经投入了大量的时间来理解这家公司，如果仍然不理解公司的会计政策或政策的应用，那么很可能是哪里出了问题。也可能是我对公司的理解还不够，那么我需要回去进一步熟悉公司业务。或者，在汽车行业的例子中，我就不应该成为参与者。

收购

虽然这不是一个会计政策，但我一般会认真地研究公司的收购策略。公司收购的方式，尤其是拨备的规模，以及对目标公司资产负债表的调整，可以很好地反映两家公司管理层的保守程度。我喜欢将纳入新公司的财务报告的内容与被收购方最后提交的财务报告进行比较——任何显著的差异通常都表明管理团队在挑战保守主义的极限。稍后，当我讨论运维时，我将更详细地介绍收购，并讨论评估的方式。

8.5 资产负债表

一旦我完成了对会计政策的审查，我就会开始查看资产负债表。我一行一行地浏览这些内容，先看两份到三份资产负债表，这样我就可以得知公司今天和往年的经营规模。通常，我会以过去的资产负债表（如五年前或七年前的资产负债表）作为起点进行研究——五年多时间的变化可以让我清楚地感受到公司业务的增长及其实现途径。

观察过去几年每股账面价值的增长情况通常是合理的推断起点。了解公司实现增长的路径——无论是通过留存收益、股票回购，还是将海外资产转换成本币后的升值——可以让我非常清楚地了解公司价值产生的机制以及这种价值创造过程的可重复性；这三种实现账面价值增长的途径有着截然不同的对应估值倍数。

我分析资产负债表的目的是希望了解今天需要多少资产才能产生1英镑或1美元的销售收入——有多少属于固定资产；多少股票、债务或其他流动资产；公司还持有哪些其他资产？这些其他资产对投资者来说可能有隐藏的价值，或者被以商誉的形式施舍掉（这未必是一个大问题，除非同一支管理团队重复同样的错误）。

资产负债表的负债部分可能更加有趣，它通常包含更多线索——拨备、递延收入、债务和养老金负债都值得我们仔细研究。我一般会阅读并检查资产负债表上的每一行和每一条注释。当然，这需要相当长的时间。

我在培训课程中使用的一个练习说明了这些内容的重要性。我给学生们展示了四家公司的概况——每家公司都有一份正常长度的资产负债表大纲（所有行数均按占资产的百分比计算）和几个关键比率——然后让他们猜测这些公司对应哪个行业。一开始，学员们通常都很害怕，因为他们习惯于在看数字之前先了解公司，但数字会讲述自己的故事。我们通常会被某只股票吸引是因为我们知道它很便宜，它可以提高盈利能力。这样的文字叙述显然很重要，但数字更为重要，因此我的课程原则是：数字优先于文字叙述。

下面我将要讨论的是我所关注的几个重要会计科目和我想要确定的问题。资产负债表分析本身是一个非常广泛的话题，值得独立编一本书。因此，下面的内容仅供我们浅尝，那些想要了解全貌的人应该更深入地阅读相关资料。

固定资产

我比较喜欢分析资产的分类，比如有多少是房地产、厂房和在建资产。虽然10-K报告提供了一份可以评估价值的主要房产清单，但这并不是经常被披露的内容，尤其是美国的财务报告。谷歌地图是查看主要房地产的有用途径；虽然不如亲自参观的效果明显，但它有自身的优势，比如谷歌地图可以让你比较清楚地了解公司总部的位置、规模以及所在地的繁荣程度。

1. 不动产

公司的房地产现在很少会被忽视，这与20世纪六七十年代形成了鲜明的对比，当时杰弗里·斯特林［Geofrey（later Lord）Sterling，后来的罗德·斯特林］总是以土地和建筑的实际价值购买整家企业。被披露的房产通常会有一个合理的近期估值。即便如此，一些公司的房地产价值相对于其市值而言仍然是显著的。

我买过苏富比公司（Sotheby）的股票，这家公司的品牌很响亮，它所在行业的收入实际上与通货膨胀挂钩。考虑到它在纽约和伦敦的房产后，该股票的估值非常低。它位于伦敦邦德街（Bond Street）的房地产的每平方英尺的租金全城最高。另一家我没有投资的公司在纽约联合广场（Union Square）拥有一家电影院——该公司整体估值仅比其主要资产的可替代使用价值略有溢价。

我对持有永久产权的土地和建筑物颇感兴趣，因为它们是价值的来源，还可以提供股价下行保护，也可以作为计划收益的潜在来源。我还喜欢研究租赁成本和表外资产，并了解业务运营的扩展空间——这有助于深入了解企业的运营成本。

2. 厂房与机器设备

我所感兴趣的是经营企业所需的资产的价值，以及这些资产有多少在资产负债表之内，有多少在资产负债表之外（现在新的IFRS16会计准则及其美国同类会计准则要求所有资产都应计入资产负债表，包括通过经营租赁"租用"的资产和直接拥有的资产）。在我看来，这些准则都有各自的缺点，过于理论化。

资产的折旧率是多少，平均寿命是多少？我喜欢仔细研究折旧年限，以确定它们是否合理，以及它们是在上升还是下降。这既适用于固定资产，也适用于无形资产。使用太长的折旧年限表明一位不那么保守的首席财务官准备挑战我们的极限。我会运用冰山原则——如果我在财务报告中看到我不喜欢的东西，我会认为有更多更糟糕的东西隐藏在冰山的"下面"。

每年出售或报废资产的比例是多少？这是否会定期产生因为设备更新而导致的现金流支出？资本支出的水平和一致性如何？可能需要回溯几年才能理解这些事情。这是增长所需要的还是维持现状所需要的？财报中是否披露了固定设备和车辆之间的分割标准？车辆往往需要更频繁地定期更新成本。

3. 在建资产

公司资本在制品（Capital WFP）的水平如何？每年是否有显著变化？这是增长或维持生产所必需的吗？如果它很重要，如果没有这些资本在制品，资本收益率会是什么样的？公司期望实现的目标——例如，如果公司的大规模扩张即将结束，一旦新工厂投产收益率会上升——是否能够实现？这会对公司的盈利能力产生何种程度影响？

公司商誉

随着无形资产的日益普及，公司商誉的估值也越来越高，它在资产总价值中所占的比重越来越大。相对于资产负债表上的商誉，我通常会仔细审查公司以往的交易记录，并将其作为衡量管理层资本配置才能的更可靠依据。公司关于增长和贴现率假设的信息披露可能具有启发意义，我每年都会查看这些信息，因为这些变化会让我了解管理层自身对其业务的看法——就像前面提到的狄亚（DIA）的例子那样。

其他无形资产（如软件和研发）

我特别仔细地研究公司无形资产摊销的期限。当一家公司的软件注销时间超过十年或更长时间时，我通常认为首席财务官是在挑战极限，夸大收入。有时，如果正在进行的是一个大型软件项目，这是合理的；但我预计软件一旦投入使用，资产的可用年限将急剧缩短。在当今世界几乎所有行业中，一种软件持续运行十年是不现实的。

投资

当然，资产负债表的价值只是故事的一半，我们不仅要检查公司投资的内容，而且要考察投资的现值。有时，成本是一个糟糕的指标，因为当资产已经持有多年时，它已显著折旧，或者在很短时间内就成了科技行业的独角兽。相反的情况也如此，尤其是在科技投资方面——越来越多的公司在寻求风险资本投机，其账面价值越来越没有实际意义。

帝亚吉欧公司（Diageo）的首席财务官在一场经纪人午餐会上告诉听众（他是在回应我提出的问题），他会亲自监督公司的风险投资组合。我对帝亚吉欧在投资精酿啤酒或杜松子酒生产方面是好是坏并没有什么特别的看法，但我敢打赌，该公司财务总监完全可以把时间用在收益更高的其他地方，而且该公司还有其他人更适合管理此类投资。

营运资金

我会研究与销售相关的营运资金和其他流动资产和负债。还会看债务或库存周转天数是否有上升的趋势，这两个都是危险信号。除了债务，我还研究其他流动资产、未开票收入和长期应收账款，以确保我能了解企业经营的整体情况。这些数据相对于销售收入的增长通常是公司存在潜在问题的迹象——如果你的客户不能或不愿向你支付销售款，或者你的成品库存不能周转，通常表明可能出了问题。

同样地，应付款相对于销售收入的下降可能意味着原材料采购放缓，通常是成品销售放缓的反映，或者是拨备或应计款项正在释放以支撑盈利。应付账款的不正常增加也会让我感到担心，因为这可能意味着公司流动性遇到了问题。

债务

我研究所有流动性和利息保障率的常用指标，包括租赁和固定费用的保障率——我还会考虑固定与可变成本的比率，这是衡量杠杆率的另一指标。如果公司的债务资产以折价报价和交易，这种情况也是财务健康状况不佳的关键指征。

递延税款

通常，我会用大量时间来分析账户中的各种税收余额，尤其是当公司收取或支付低于正常企业水平的税收时，因为这通常表明公司盈利流的质量较低，递延税也可能是一种扭曲。递延税款常常让分析师感到困惑，但它实际上相当简单——例如，当递延税款产生于一项投资的未实现收益（已按市值计价）时，可以认为这是一笔来自税务当局的无息贷款，直到其所有者决定出售该资产。

养老金

养老金假设的回报率往往过高，从而掩盖了公司债务的真实水平。即使是市政养老金，也经常会假设不切实际的长期回报率（通常在8%左右）。我喜欢看资产组合，即债券、股票和其他资产各自所占的比例——可以通过今天的债券收益率假设来看股票所需的回报率是否现实。

负债端的假设往往能反映首席财务官或财务总监的性格——这里的激进假设往往伴随其他地方类似的、不那么保守的假设。我研究了死亡率假设、贴现率、通胀预测和其他细节。由于负债对这些假设的敏感度普遍较高，因此很难通过调整这些假设以与同行公司进行比较。许多公司开设了养老基金的网站，它可以帮助你了解更多相关信息。

递延收入

当递延收入余额下降时，这可能是收入提前或人为增加的结果。递延收益的水平也很重要。例如，英国的AA公司就有这样一项业务：

- 大部分会员都是提前支付；
- 汽车在冬天最容易抛锚；
- 公司财年结束在每年1月；
- 来自个人会员的收入比企业会员多得多。

因此，我估计其递延收入将大大超过公司6个月，甚至可能多达9个月的收入；但看起来平均能达到4个月左右的收入。其中部分原因是企业会员资格，也很可能是公司为了将收入提前到本年度而采取了激进的会计手段。公司没有分别披露来自企业会员和个人会员的收入，但资产负债表显示会员资格通常是在6月初购买的。

其他资产负债表项目

资产负债表中的每一行都是相关的，这取决于公司和环境，但在这里详细列出清单的话那就太长了。但我真的会逐行查看公司的资产负债表以确认公司是否存在如下情形：

1. 如果其中某个数字很显著，我需要理解背后的原因和各年的变化。

2. 如果某个数据并不显著，但是从行业的角度出发我希望它是显著的——比如一家没有为设施报废计提准备金的石油勘探和生产公司。

3. 不寻常的同比波动；如果某个数值从正数变成零，或者反之，背后通常会有一些不寻常的原因。

在研读了公司的会计政策和资产负债表后，我对该公司财务报表的保守程度和财务健康状况有了较为充分的了解。然后，我会检查其损益表和现金流量表，我将在下一章讨论现金流量表。有趣的是，这与大多数分析师的顺序相反，在我看来，他们对会计政策和资产负债表质量的重视程度还不够。

8.6 损益表

我只有在完成资产负债表考察之后才会开始认真研究损益表。但是我已经用了不少时间去了解公司的销售收入和利润率情况。

理解销售收入趋势和利润率

接下来我研究的第一站是销售曲线，它构成我分析的基础。销售曲线通常不会撒谎，或者至少不像每股收益那样容易造假。一些首席财务官会加速收入确认（甚至直接是彻头彻尾的欺诈）。不过，从总体上看，营业额是账户中最可靠的数字之一。

如前所述，当我研究一家新公司时，我乐于做的第一件事就是回顾它的长期收入和利润趋势。我会回顾10~15年的收入历史，以确定该企业对环境和宏观背景的变化有多敏感。（我过去常常使用5~10年的窗口期，但自国际金融危机爆发以来，缓慢而稳定的经济扩张需要更长的时间来判断企业在经济衰退期间的表现。）这家公司的收入稳定吗？其收入（以及收入增长率）是否起起伏伏且不稳定？

重要的是，我们要理解为什么在某个特定的年份里收入会发生剧烈的上升或下降——通常这是重大收购或资产处置带来的影响。这反过来也意味着未来的记录可能与过去会有所不同。

与此相关的是对公司利润率的考察。我通常会关注息税前利润（EBIT）率，因为我认为长期而言，在稳定的环境下折旧和资本支出应该是一致的。EBIT是不包括营运资金的现金流的简写——它是一个比息税折旧摊销前利润（EBITDA）率更好用的衡量指标。我特别关注的是长期的正常利润率，因为它是估值中最为关键的组成部分。

对大多数公司来说，利润率趋势中都会有一些周期性因素——例如，资本密集型周期性行业的利润率往往会出现巨大的波动。但即便对于一些波动不那么大的行业，也可能因为竞争的加剧而呈现出周期性。

在此过程中，我们要理解从毛利率到息税折旧摊销前利润（EBITDA）率再到息税前利润（EBIT）率的顺序，并观察构成成本基础的各个方面。我曾经制作了一份总结表，展示出近10年来公司这些指标（以其与销售收入之比的形式）的变化。我发现这是理解利润率随时间变化而变化的好方法。所有的数据都是从一个标准化的数据库中获取的，这意味着我可以非常快速地完成分析。如今，我使用从一个系统中下载的电子计算表格，但至少会选择一个样本来检查数据的准确性。

毛利率趋势

自2013年诺维·马克斯（Novy-Marx）的学术论文《价值投资的质量维度》（*The Quality Dimension of Value Investing*）发表以来，投资者已经对毛利率的重要性有了更多的认识。该论文说服人们相信总盈利能力（gross profitability）这一质量指标的评估效果要优于股本回报率和类似的其他质量指标。

其基本原理是，总盈利能力被定义为毛利率乘以资产周转率。资产周转率是有效衡量资本效率的指标，而毛利润是衡量企业经济表现质量的不错指标——因为会计规则将研发、品牌广告等经济投资视为支出，毛利润应该是评估经济表现的更佳指南。因为只有拥有足够深的护城河，高毛利润才能持续，所以它也是用来衡量质量的更好标准。

虽然用毛利率衡量业绩数据的表现非常不错，但锐联资产管理有限公司（Research Afliates）[1]的罗布·阿诺特（Rob Arnott）的一篇论文却有不同看法。该文指出，自诺维·马克斯（Novy-Marx）的学术论文发表以来，从高毛利股票产生的业绩差中，有90%是来自估值拔高——因此，高毛利公司的股票表现好可能只是因为它已成为一种时尚（见图8.2）。

---

[1] 罗布·阿诺特（R. Arnott）等，"聪明的贝塔为何错得离谱（How Can Smart Beta Go Horribly Wrong）"，锐联资产管理有限公司，2015年。

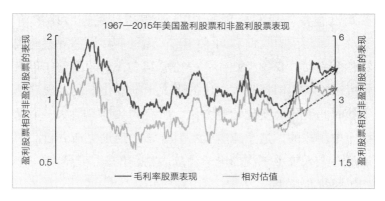

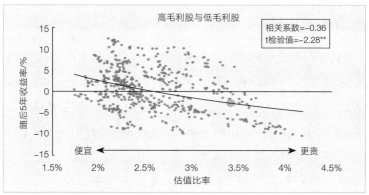

图8.2 高盈利股票上涨

资料来源：首次在www.researchaffiliates.com网站《聪明贝塔如何错得离谱》一文中刊发。该表中使用的数据来自证券价格研究中心（CRSP）/标准普尔公司会计数据库（Compustat）。所有的t统计值经过Newey-West方法调整。2016年版权，锐联资产管理有限公司（Research Afliates）版权所有，复制得到许可。

　　即便如此，毛利率的长期趋势对于了解一家公司维持定价权的能力还是非常有用的。有时候，利润率的下降是因为商业模式发生了改变。例如，微软公司将营销模式从销售转为订阅模式。尽管后者的内在盈利能力要低得多，但由于客户的终身价值更高，后者的估值要高得多。

　　因为许多公司对销售成本有不同的定义，所以我们需要谨慎。例如，竞争激烈的英国超市擅长掩盖他们的产品加价，只有奥凯多公司（Ocado）曾公布过"真实的"毛利指标（即产品价格高于成本的加成部分）。其他超市公布的成本都只包括少量的分销成本和类似的销售成本，这让我们很难进行比较。

由于缺少销售成本的会计标准，公司在记账分销成本和类似成本上有很大的灵活性——一些公司将其作为销售成本的一部分，一些公司将其纳入管理费用。有时可能将其标准化，这取决于信息披露的程度和所需要的假设。

折旧及摊销

我已经研究了资产的使用寿命，它相对于销售收入的趋势是了解利润率趋势的一个重要因素。

销售费用、一般费用和管理费

对于这些内容，不同的公司有不同的披露方式，历史趋势往往比跨部门比较能提供更多的信息。我还非常仔细地研究这些费用相对于每位员工的比率——人均销售收入和人均成本发生了什么变化？

研发

再次说明，我已经谈到了资产寿命和资产负债表账面价值的现实问题，但研发费用/销售收入的趋势也包含利润率趋势的信息。

固定成本和可变成本

我通常会拿出部分时间来思考固定成本和可变成本的关系，并积累了一些行业的经验法则。对公司利润率的回顾有助于这方面的分析，这是研究周期性行业的关键。美国分析师经常使用增量和减量利润率分析，这是另一有用的见解，尽管我倾向于在细分市场层面才使用这种方法。

8.7 细分市场

如果数据可得的话，我还经常把收入和利润率的数据细分到各部门进行分析，同时回顾公司各个部门的历史以了解每个部门业务发展的主要驱动因素。这可能会稍微复杂一些，虽然一般情况下销售线的外部数据相当可靠，但是息税前利润率（EBIT）水平存在差异。这些差异在单个部门的层面可能被夸大，因此，这一研究过程需要很长的时间，因为我们需要考察多年的账户。

分部门分析在识别"狗不理部门"时通常很有用。狗不理部门是指集团内比其他业务部门质量更差的部门，它拉低了集团公司整体的利润率，推高了资本密集度；如果出售这些部门，则会看到市场所愿意接受估值倍数的显著提升。我喜欢问自己：如果他们关闭或出售业绩最差的部门，公司的评级会如何？

如表8.1所示，埃尔法贝塔（Alphabet）[①]公司的10-K报告很好地说明了一个亏损的部门是如何影响整个大局的。该公司的"其他赌注"包括自动驾驶业务子公司维谋（Waymo）公司，我认为它具有重大价值。然而，该公司目前仍处于亏损状态，并还将持续亏损。对埃尔法贝塔公司估值的正确方法应该是首先对谷歌进行估值，然后对维谋（Waymo）和"其他赌注"分别进行估值。

表8.1　　　　埃尔法贝塔（Alphabet）公司及其亏损部门

| | 第四季度 | 第四季度 | 年份 | 年份 |
	2017年	2018年	2017年	2018年
营收：				
谷歌	32192	39122	110378	136224
其他赌注	131	154	477	595
总营收	32323	39276	110855	136819
运营收入（亏损）：				
谷歌	8595	9700	32287	36517
其他赌注	−748	−1328	−2734	−3358
调整项目	−183	−169	−3407	−6838
运营总收入	7664	8203	26146	26321
利润率：				
谷歌	26.7%	24.8%	29.3%	26.8%
总值	23.7%	20.9%	23.6%	19.2%

资料来源："读懂资产负债表"（Behind the Balance Sheet）埃尔法贝塔公司的10-K报告。

---

① Alphabet是Google的母公司。——译者注

请注意，谷歌公司和埃尔法贝塔公司之间总利润的差异还包括"调整项目"，其中最重要的一项是欧盟委员会的罚款。虽然2018年的估值可能高于正常水平，但在我看来，这在谷歌的业务中是常见的，所以在估值时，我会将其视为一项持续性支出。

8.8 季度数据

我对公司的季度数据进行分析以确定公司业务的季节性特征，并了解过去12个月的利润率趋势——通常季度波动比平均的年度波动更大，这真的很重要。

我现在要做的是努力了解目前公司的业务在利润率周期中的位置，尤其是那些周期性更强的业务。因此，更准确地理解年度利润率的波峰和波谷是有帮助的。我通常看的是年化（或前四个季度）的数据，因为季度数据波动太大，过于混乱而无法清楚地了解情况。

这涉及大量的数据操作和详细的电子计算表格。我更喜欢亲自输入所有的数据，尽管我在转录时有时不准确，但我发觉这一过程蕴含着令人感到神奇的治愈力量。但更重要的是，我自己输入时对这些数据的感觉是别人为我准备这些数据时感受不到的。

如果我赶时间，我经常会走捷径，即直接使用券商的数据——对机构投资者来说，一个有效的捷径是索取两三个券商的分析师的研究模式，然后将它们与历史模式进行对比。如果三者都一致，那就没问题了，这个时候只需要研究它们与历史数据之间的差异就行了；不幸的是，三者绝对一致的情况比较少。显然，这并非私人投资者需要面对的问题。

收益

与利润率趋势（整体和部门）相结合的是已动用资本回报率（RoCE，企业使用的工业资本回报率，不包括商誉）。销售的增长是否需要对资本设备进行重大投资？这对产生的回报有何影响？如果资产是按区域或地域划分的，我还会观察这些分区域的回报，因为它们都是与企业质量相关的有效信息。

利息

我会观察债务的平均利率，年底的时候它可以用来粉饰账面。资产负债表上的债务到期日显示了当前平均利率的可持续时间，我密切关注所有的保障比率（利息保障、现金—利息保障、利息和租赁保障等）。

关联公司

至此，我应该已经看过公司资产负债表上的投资了，这应该包括对关联公司和合资公司以往业绩的审查。

税率

这是详细损益表分析的一个关键组成部分，包含诸多元素：

· 公司损益表上的税率是多少？公司是否适当使用递延税款？

· 公司的现金税率是多少？这是否会引发其他问题？我的老朋友、时任苏格兰相互保险公司（Scottish Amicable，当时是英国最大的股票投资者之一）首席信息官的道基·费伦斯（Dougie Ferrans）曾告诉我，有两个人一定知道一家公司的真正利润是多少：财务总监和税务官。如果公司支付的现金税很少，分析师需要了解其中的缘由。

· 如果一家公司支付的税金非常少，而且有貌似合法的理由——例如，大型科技公司通过卢森堡和爱尔兰洗钱——那么，你必须询问这种情况的可持续性如何。像苹果这样的科技硬件公司而言，他们在卢森堡有特殊的知识产权载体，并享受非常优惠的税率；其支付给子公司的成本也会被位于爱尔兰的一个低税部门洗干净。对于像脸书、谷歌和亚马逊这样的软件公司来说，提供服务和记录利润的都是爱尔兰的子公司。这种做法在理论上是没有问题的，但当政府对其公民获得的利润合法征税的要求被拒绝时，当这些利润金额变得足够大时，逃税就可能成为非法行为。对于税率为个位数的集团公司来说，这或许会成为一个严重的问题。

少数股东权益

我密切关注上市公司与关联公司的少数股东权益，我会观察它们在资产负债表中的价值；如果可能的话，我会尝试评估其总价值，因为这可能改变企业价值（EV，Enterprise Value）的计算。当公司有大型的上市公司少数股东权益时，情况会变得复杂，尤其是在高速增长的新兴市场。ABB集团公司曾是如此，它在印度的子公司规模并不大，但其估值的市盈率是母公司的2.5倍[①]。

在这种极端情况下（联合利华的情况与此类似），按市值计算企业价值时必须考虑到少数股东权益；我还发现，将包含全部少数股东权益的集团估值与不包含少数股东权益的估值进行比较很有帮助。在ABB集团公司的案例中，差异就非常大，理解这一点非常重要。这种情况可能还会吸引激进的投资者试图说服管理层出售这些上市的明珠子公司，并将所得用于减持股票——但如果你是公司的长期股东，这并不总是理想的做法。

股票期权

在互联网时代，发行大量股票期权的做法遭到了严重批评（也曾出于盈利目的而被忽略过），尤其是沃伦·巴菲特的批评。它们都是有效的和真实的费用支出，应该不利于损益表。对股东来说，将期权全部计入费用显然是反映公司真实收益的最佳方式，但期权的真正价值很难计算，为了理解企业主要的经营趋势，有必要看看实施期权计划之前的财务数据。

其中一个问题是计算期权的实际价值。另一个问题是，市场可能也在盯着期权计划之前的财务数据。尤其是对处于早期阶段的公司——它们的期权价值相对于利润非常高——因此需要更好地衡量公司的潜在盈利能力，而不是简单地忽略期权。我的方法是使用完全稀释的股数，就好像所有期权都被行权了一样（从理论上讲是根

---

① ABB集团是全球最大的电力和自动化技术公司之一，总部位于瑞士苏黎世，并在苏黎世、斯德哥尔摩和纽约证券交易所上市交易。——译者注

据名义现金利息调整收益，但实际上它与今天的零利率没什么关联）。我认为这在某种意义上存在重复计算：在损益表中计入期权成本，然后使用完全稀释的股份来计算每股收益。

在进行加总计算时，我总是使用完全稀释的股票数，并加上行使期权所获得的现金价值；类似的技巧也适用于公司拆分或收购的情况。

8.9 现金流量表

现金流量表中有许多复杂的情况，例如税收，但对于本书所要涉及的范围来说，这个问题太专业了。我在上文说明了为什么一家公司的税率如此重要，但它却是分析师研究报告有时会忽略的内容。正如现金税率需要与损益表中的税率进行比较一样，一般来说，现金流量表中的大多数科目应该与损益表中的费用合理地联系在一起，任何差异都可能产生问题。

营运资金和资本支出似乎是令投资人乃至专业的分析人士纠结的两个常见问题。营运资金的变动反映在资产负债表上是某一天的静态数据，而现金流量表中的资本支出也不同于资产负债表中的资本支出。因此，在发现基本趋势方面，研究公司有关固定资产的注释是一个更富有成效的领域；现金流仅仅反映了现金支付，而不是实物资产的交付。

我总是将营运资金的变化与销售收入联系起来，并取其3~5年的平均值。此前，我曾解释过，对一些营运资金比率的审查是资产负债表分析的重要方面。对未来营运资金需求的估计是现金流预测的一个关键内容，但华尔街分析师的严谨程度通常不那么令人满意（少数例外）。

正如上文所述，如有可能，我将资本支出与资产的折旧和平均寿命联系起来，将资产分为不动产和动产（美国公司在这方面提供的信息披露比欧洲公司质量更差）。

现金流分析的缺点之一是，除非公司在财务报告的附注中提供足够的细节，很难就期初和期末的净债务对账。我注意到，卖方分析师经常无法就资产负债表的期初期末余额与现金流对账，有时会留下一个巨大的悬而未决的缺口。这是一个严重的缺陷，如果我不能将期初和期末资产负债表余额与现金流量表对账，我总是会留意那些未给出解释的余额数。如果余额足够多且高度一致，我会跟公司的投资者关系部联系，直到他们同意给我提供细节；如果他们不能提供，在缺口足够大的情况下我可能放弃行动。

8.10 比率

我对传统的营运资金比率进行修改后将其纳入对原材料、在制品和成品的库存天数分析，并将未开票收入和长期应收账款添加到计算债务周转天数中。我还会研究递延收入余额，这可能给我们带来一些启发。我已经讨论了公司回报情况，下面重点关注的是税前已动用资本回报率（RoCE，Return on Capital Employed），尽管我经常使用的是投入资本回报率（RoIC，Return on Invested Capital）。

已动用资本回报率（RoCE）是用于经营的工业资本的税前回报率，用于衡量公司业务质量；而投入资本回报率（RoIC）是包括商誉在内的总资本的税后回报率，它用于衡量资产为股东创造收益的有效程度。二者用处不同。

有趣的是，我曾与比尔·阿克曼旗下潘兴广场（Bill Ackman's Pershing Square）的一位分析师进行过一次长谈，他在进行公司比较分析时经常用的是股本回报率（RoE，Return on Equity）；他认为我使用RoCE有点儿疯狂。事实上，你研究损益表越多，比较经营业绩就越合理，而RoCE实际上是与EBIT相关的指标。

我的方法是从RoE开始计算，并以此为基准剔除关联企业和合资企业的影响，同时还会剔除所有现金和短期债务（这可能会有争议）。我还考察不包含资本在制品（在建工厂等的价值）在内的已占用资本回报率（RoCE），如果这个很重要的话。

虽然RoE是对业绩的最终检验，因为它影响的是股东的收益率，但当将一家公司与同行进行比较时，获得较高RoE的很大原因可能只是因为这家公司拥有更积极的资本结构和更高的债务比例——在经济景气时，它能带来较高的回报；但在经济不景气时，这些回报将挥发殆尽。与RoE相比，RoCE能更好地反映经营绩效，因此更适合比较同一行业的两家公司。

RoIC还是衡量收购效率的指标；大多数人研究的是税后RoIC，而我更喜欢研究税前RoIC，因为这从趋势分析中消除了税率波动的影响。我不确定哪种回报率的定义更重要，但只要你在研究不同时期的同一家公司，以及同一行业的不同公司时，你所使用的方法是一致的就行。

我还研究其他一些比率，包括资产周转率——后面讨论建立分析模型时将涉及更多内容——但这些都是非常基本的分析。因此，下面我将重点介绍我使用的一些更不寻常的分析方法。

8.11 做假账

许多年前，我在Excel中建了一个复杂的总结性表格，以便我识别单个企业存在风险的领域——它由一系列图表组成，目的是凸显出长期的趋势以及公司可能在哪方面做了假账。这个文档太大，无法在此完整展示，我用它分析公司业绩的分解走势，看发生了什么重大的变化，同时判断是否存在会计操纵。这种方法其实很早就出现了，例如，与下文中的蒙特利尔C评分（Montier's C-Score）系统一样，它可以通过考察折旧与资产账面总值之间的比率确定公司是否随时间的推移以平滑收益为目的改变折旧的年限。

我将在下文讨论一些筛选机制，这些机制通常可用于识别那些有会计操纵风险的股票。我的方法的主要不同之处在于，我不是用一个简单的评分来筛选出有风险的公司，而是设置了一份总结性表格，该表会凸显出公司存在风险的领域。为了实现这一目标，我们需要对许多会计比率进行详细分析。

一些著名的券商和研究机构建立起自己的评分系统，用来甄别有多个变量处于危险区域的上市公司。如此一来，就能发现哪些公司可能存在会计操纵的风险。然而，这些工具的设计和执行都是高度劳动密集型的，下面介绍的评分系统却具有相对简单这一优点。

蒙特利尔C评分系统

詹姆斯·蒙特利尔在法国兴业银行（SG，Société Générale）担任策略师时，发表了一份报告，介绍了他对C评分系统的定义，即"帮助评估一家企业试图蒙蔽投资者眼睛的可能性"。该分数由6个变量组成，每个变量都可以用来捕捉常见的盈余操纵行为：

1. 净利润和经营产生的现金流之间的差距越来越大。

2. 应收账款周转天数（DSO，Days Sales Outstanding）在增加。

3. 存货周转天数（DSI，Days Sales of Inventory）在增加。

4. 其他流动资产与收入的比值在增加。（可以在不影响负债和存货周转比率的情况下用来掩盖销售的加速确认。）

5. 房地产、厂房和设备的折旧率下降，表明资产折旧期限的延长。

6. 总资产高增长。连环收购企业可以利用收购来扭曲自己的收益。需要警惕资产高速增长的企业。

蒙特利尔声称该策略在美国和欧洲都是十分有效的，从1993年到2003年的十年间，股票市场表现最好的是得分为1的公司（操纵最少的公司），随着得分的增加，其市场表现稳步下降。

这种方法是否能成为一种定量研究的方法尚存争议。首先，对从业人员使用该系统的实际执行情况的报道很有限。（当然，如果效果很好，人们不一定会宣传它）。其次，我怀疑第6条，即通过淘汰连环收购公司（淘汰一些大输家）可能会对业绩产生重要影响。尽管如此，他所指出的问题是有现实意义的，将这些问题整合到一起可能是避免陷阱的明智方法。

我也会使用本尼斯 M评分（Beneish M-Score）方法，还用过更高水平的皮尔托斯基评分方法（Piotroski Score），该方法能快速监测公司的健康状况，适合进行早期研究时使用。在不同的股票筛选过程中，我把这些方法当作过滤器。

8.12 杠杆

我会密切关注公司的杠杆，不仅是财务杠杆，还有营业杠杆和股价杠杆（在给定企业估值变动下，负债公司的股价放大倍数）。

第一个问题是关于财务杠杆的。我分析利润对利息、现金利息和固定费用的保障倍数——在利润和现金基础上计算的（租金和利息前利润/（经营租赁租金+利息）的比率。我会监控资产负债表的变化和债务/EBITDA（息税折旧及摊销前利润）的倍数这一关键指标。我还考察债务的加权平均期限，以及它如何随时间而变化；同时，我密切关注债务期限的变化。

但财务杠杆只是全部杠杆的一部分。除此之外，我非常重视经营杠杆。增加的营收有多少贡献给了利润？营收下降的影响又是什么？企业的固定成本与可变成本之比也是一个关键因素，虽然通常我们很难得出精确的数字。

商品生产者是很好的例子。许多投资者都容易被那些边际生产成本最低、位于质量曲线顶端的生产商所吸引。如果你想在12~18个月持有某只商品生产企业的股票，同时你有理由相信该商品的价格会上涨，那么购买质量最差的那家生产商的股票通常获益更多，因为它拥有最高的经营杠杆和股价杠杆。

这听起来有点儿违反直觉，但我们可以用一个简单的例子解释其中缘由。假设有两家黄金生产商，一家生产成本为4亿美元，另一家生产成本为8亿美元，每家年产100万盎司黄金，总部和融资成本为1亿美元。

当黄金价格为1000美元时，A公司盈利为5亿美元（10亿美元–4亿美元–1亿美元），而B公司仅盈利1亿美元（10亿美元–8亿美元–1亿美元）。当黄金的价格上升50%，达到1500美元时，A公司盈利10亿美元，是此前盈利的2倍，而B公司盈利6亿美元，是其之前盈利的6倍。B公司相对于A公司的估值得到提升。因此，在此情况下，我会寻找质量最差的股票。

这显然是一种风险极高的方法，所以我只在对商品价格趋势非常有信心的情况下才会用。购买质量最低的股票的意思是，不存在较高的财务杠杆且股票的初始估值比较低，这些能为股价提供一些支持。

8.13 财务年度的时间问题

一个受欢迎的技巧是选择那些财务年度为奇数，如一年53周或类似模式的公司股票，这些模式可能会扭曲财务报告的结果或趋势。然而分析师并不总是注意到这个问题。

超市就喜欢选择奇数财务年度，无论是乐购（Tesco）以每年2月23日还是森茨伯里（Sainsbury）以每年3月19日作为财年的最后一天，都是为了在资产负债表日展现出更为有利的现金状况。没有供应商关心他们是在2月24日还是25日付款，所以债权人的收款日变长了。

公平地说，零售商声称他们通常在某个周六结束一个财年的工作，这样便于他们进行更准确的年度销售数据比较，而同比数据对该行业至关重要。我承认这一观点有些道理，但是公司流动资金的统计仍会受到影响。

一个有趣的例子是托马斯·库克（Tomas Cook）公司，该公司于2019年底破产。他们选择每年9月作为财年的年终月（9月30日至少还算一个正常的季末），因为这是一个非常有利的现金点——即在夏季销售高峰之后，在向供应商付款之前的时间。从对该公司附息票据与平均债务的简单对比可以清楚地发现，其年终资产负债表不能代表全年总体的情况。

根据2018年底进行的财务审查，该公司报告的净债务为3.89亿英镑，净利息支出额为1.5亿英镑！这包括一些债券再融资和其他成本，但与公布的平均净债务相比，基础费用仍然非常高。

同样地，复活节的时间对航空公司来说格外重要，因为它代表着一个旅行高峰。许多航空公司财年的年终月份是3月，所以有些年份出现了两个复活节，而另一些年份一个都没有——分析师在做预测时必须对此进行调整，在回顾公司过去的业绩记录时也必须牢记这一点。

但令人惊讶的是，分析师们在做财年的调整方面远不够完美。好的公司会明示他们一年安排了53周，而其他公司只会在53周的这一财年是基期时才会给出说明，并调整比较方法。我对这些操作一律持保留态度，同时，我们不应低估多出的一周对一整个季度业绩的影响。它可能占营收的8%；如果一家公司的固定成本很高，或者按季度计提费用，那么它可能对核算公司的盈利能力带来更大的影响。此时，季度利润率可能会被严重扭曲，这就是为什么我更热衷于考察过去12个月的趋势。

8.14 会计账户的其他部分

我通常会有一个适用于所有主要持股头寸的财务分析模型。我可能会对比较尴尬的，或是比较小的空头头寸，比如说1%的空头头寸不设模型，这可能是因为这个空头很明显，资金缺口很明显而无须建模，或者因为这只是一种对冲操作。通常，成功地做空持续时间很短，而成功做多的持续时间则长得多。

从理论上讲，虽然我更希望能有一个模型来支持每个想法，但在实践中，对于做空而言，花费在构建模型上的时间所带来的回报也许是不够的。我将在下一章继续假设我们讨论的是需要模型的多头头寸。

在开始构建我的电子计算表格模型之前，我应该阅读完所有的分析师报告、盈利公告、演示幻灯片、电话记录和年度报告。读过美国公司10-K报告中的管理层讨论与分析部分和财务报告之前的那些光鲜介绍，至少是董事长致股东的信、首席执行官的评论以及财务评论等。

在董事长致辞中，我会寻找潜在的警告信号，如错误的借口，我希望他们能对公司业绩进行诚实的评估，并对所有的不足之处给出合理的解释。

在首席执行官的信中，我希望看到的是一致性、诚实和常识。如果我发现公司经常重组，或者经常提到多年的天气不佳等无关话题，我都会将其视为预警信号。总之，我需要的是一个在评估业务和与股东沟通方面态度诚实的管理团队。

管理层讨论与分析负责解释公司每年业绩波动的原因，这对投资人是非常有帮助的，因为可以回顾业绩不佳的时期，分析其原因——这对他们理解公司业务对外部因素的稳健性非常有益。

在财务审查部分，公司对自己的债务状况、能力的范围以及公司计划，如何为即将到期的债务进行再融资等内容应保持一定的透明度。明确资本支出的水平、类型和用途也是有帮助的，而忽略这些内容则是另一种预警信号。

8.15 财务分析发现了什么？

进行到这一步，我应该对公司业务的经济性质有了很好的了解，并对整体经济状况、部门情况有了较为全面的把握。同时，在适当的时候，我也对每件产品或每次服务销售的经济状况有了解。当然，这通常是一个循环反复的过程，因为有些内容初见时并不觉得多么重要；但在此后，它们的重要性日益凸显。在第一阶段的研究告一段落后，重新查阅账户是非常重要的，这样可以弥补在第一轮研究中的疏漏。

此时，我希望我已经回答了下面的大多数问题：

- 该公司的会计政策是否偏保守且与同行一致？
- 收入——收入的历史、波动的原因以及记账方式。销售收入的增长是通过数量增长（相对于市场增长）、定价或收购实现的吗？
- 毛利率——公司的主要原材料是什么？它们的成本如何？成本的驱动因素有哪些？
- 管理费——相对于历史记录、与同行相比公司的管理费水平的适当性。管理费用的主要组成部分有哪些——员工成本、营销、广告和销售成本、物流、配送、运输、燃料成本以及由于规模经济而产生的成本阶梯式变化。固定和可变成本等。

- 折旧和摊销，以及与资本支出总额随时间变化的关系。
- 利息和负债。
- 税率——它们是如何随时间发生变化的，变化的原因是什么？与所缴税费的对比，属于资产负债表的债务方吗？
- 公司的的息税前利润（EBIT）/息税折旧摊销前利润（EBITDA）是否合理、可持续且长期稳定？（是由于进入壁垒、网络效应等原因吗？这些影响因素是可持续的吗？）我们现在处于周期的哪个阶段？回顾一下当前的利润率与5年和10年间的平均水平。如果当前的利润率接近其历史水平或在周期波动范围，是否意味着均值回归的假设是合理的？
- 随着时间的推移，增量利润率［即利润德尔塔（margin delta）对销售德尔塔（sales delta）的增加值］是否稳定，这是否与您对公司业务中固定成本与可变成本的理解一致？
- 流动资金相对于销售收入随时间的变化——公司是流动资金密集型企业吗？利润率能否证明这一点？你了解供应商和客户之间的相对议价能力吗？它是可持续的吗？存货周转率、应付/应收款周转天数和流动资金的发展趋势如何？
- 总资本支出和净资本支出的趋势。公司是资本密集型企业吗？过去的销售增长是否伴随着资本密集程度的提升？公司业务中是否存在大量的资产处置？这对整个行业来说是合理的吗？与同行相比呢？
- 自由现金流的趋势——它们是长期稳定的还是特别不稳定的？考虑到企业的资本（资本支出和营运资金的）需求，这些是否足够？如果它非常高，是否存在进入壁垒以保护公司受到竞争的冲击？
- 资本回报——已占用资本回报率/投入资本回报率/股权回报率（RoCE/ROIC/ROE）是否长期稳定或长期波动？是处于高位还是低位？这些比率是否可以成为判断一家企业质量的标志？加快资本周转或提高利润率能否改善这些比率？还是更有可能恶化？高现金余额或高水平的资本在制品是否降低了收益率？这是否意味着未来有可能会

出现好转？公司能在多大程度上对其业务进行再投资？

• 杠杆是否合理？——公司损益表中的经营杠杆和财务杠杆如何？公司资产负债表中的负债情况如何？这与历史水平和同行相比如何？你对现金保障、固定收费保障、利息保障倍数等是否感觉不适？在这一阶段，任何担忧都是危险的信号。公司的资本结构是否合理？公司近期是否为回购股票而增加了杠杆？

• 公司是如何在维护性资本、高质量增长性资本支出、收购和回购之间配置资本的？公司是否需要进入资本市场以获取债权（要检查其债务期限）或股权资本？

到目前为止，我已经自学了许多东西。现在，我觉得是时候去建一个模型，并更加细致地考察公司的估值问题了。

小结

对财务报告进行详细分析是本人股票投资分析技术的一大关键步骤。每位投资者都声称自己看过公司财务报告，但有证据表明很少有人真的这么做，而且很少有人彻底地通读财务报告。这一分析过程是缓慢、艰难和痛苦的，当然不适合所有人。但至少对资产负债表进行逐行检查，肯定会帮助投资者更有效地分析上市公司。

09
建模与估值

本章我将讨论如何建立一个预测利润和现金的模型，然后站在不同估值技术的优缺点基础上讨论估值的原则。虽然我一般开始时会用彭博社或类似系统生成的估值数据，但与市盈率（P/E）和市净率（PB）等简单的估值倍数相比，这些系统对企业价值（EV）指标的衡量并不那么可靠。

因此，我更喜欢自己计算公司的企业价值。这对于复杂公司而言是费时费力的，包含各种计算小窍门。限于篇幅，本书无法介绍更多细节，但感兴趣的读者可以到我的网站（www.behindthebalancesheet.com）上找到关于这些计算的在线培训课程。

事实上，在使用以下指标之前，企业价值（EV）需要仔细计算：

- 建立模型
- 盈利和亏损
- 现金流量表和资产负债表
- 预测
- 估值
- 估值技术（我使用许多估值方法）

专门研究估值技术的书籍有很多，而且，很多学派认为，人们可以在估值差异中找到赚钱的投资机会。根据我的经验，股票价格低通常是有原因的。估值固然重要，但在我的方法里，它是一种校准股价的手段，而非购买股票的理由。

9.1 引言

尽管许多分析师把大部分时间和精力放在估值上，但在我的方法里，估值永远是次要的。作为一名关注特殊情况的分析师，我关注的是市场错误地估计某家公司前景的利润异常情况。这并不意味着估值不重要，估值当然重要。但估值在成为我购买某只股票的主要原因之前，它的价格必须非常便宜。因此，我的方法并非是去寻找估值差异；而且，我也不像我的一些同行那样担心历史估值趋势。

9.2 建立模型

评估企业价值所需的只是简单的模型。建立一个利润和现金流模型是确保我熟悉一家企业的财务驱动因素的关键步骤。逐行建立模型要求我认真对待损益表、资产负债表和现金流量表中的每一行内容。我在下文中列出了一些关键的步骤。

我通常会在模型中设置一些长期估值标准，其程度和复杂性因公司而异，但我总是会做一些比率分析。观察营运资金比率，关键是资本回报率的趋势，对于确定投资的潜在质量非常有帮助。回顾几年前的情况，不仅可以更好地了解已占用资本回报率（RoCE），而且可以更好地了解投入资本回报率（RoIC），因为过去几年失败的投资减记可以加回到资本基数中去。投入资本回报率（RoIC）通常是在净额基础上衡量的（在减记商誉之后），这会让我们无法形成清晰的判断。

当模型完成时——如果操作得当，这往往是一个艰巨而漫长的过程——我觉得我对公司的业务、历史情况和可能的前景有了更深入的了解。

请注意，我甚至还没有提到利润预测，在没有很好地了解企业以往的表现之前，你是不可能预测未来的。因此，第一步是要将公司的历史情况纳入模型。有些朋友使用彭博（Bloomberg）或辉盛（FactSet）的数据库，我觉得这有点儿可怕，因为我对它们的准确性没有足够的信心。我其实很喜欢自己输入数据的过程，因为它让我对这些数字更熟悉。我也更有可能发现一些细节，而不是简单地浏览账户。

我的模型时间跨度一般为5年——我下载财务数据并查看更长时间内的比率值，但当我直接从账户手动输入这5年的数据时，需要花很长的时间。我偶尔会使用两个或三个经纪人的历史模型，但我要确保这些经纪人的数据是一致的，这样才能降低数据错误的风险。然后，我预测3年后的情形。除非我做现金流贴现模型，我一般不做长期预测，我喜欢做三年的预测，因为大多数卖方分析师给出的预测都是两年的。

9.3 利润与亏损

我从部门分析开始，但以单个产品的公司为例，从分析损益表开始会更简单。对历史趋势的理解可以渗透到对逐条财务指标的预测：

• 销售收入：从历史上看，市场的长期增长情况如何？驱动因素是什么？这些因素将会发生什么变化？公司的市场份额会扩大还是收缩？这些估计的增长率是否与过去的结果相符？能提供哪些指导意义？外汇兑换会产生影响吗？它对公司的历史增长产生什么影响？

• 毛利率：最近的毛利率情况如何？长期历史情况又是怎样的？有指导意义的行业水平如何？公司是否受益于规模的扩大，公司是否进口零部件或货物进行转售，外汇波动或商品价格的变化是否会产生影响？公司的劳动力成本假设有哪些？

• 销售和管理费用（SG&A）：管理成本占销售收入的比例是在上升还是下降，这是否合理？根据资本支出预测的折旧费用是多少？

广告和促销支出预测是否与市场份额的增长保持一致？劳动力数据和外汇假设是否与销售成本一致？

- **息税前利润（EBIT）**：从最近的趋势以及5年和10年的平均水平预期出的利润率看起来合理吗？这些估算是否与销售和成本趋势、外汇走势以及行业趋势一致？

- **利息**：利息是从现金流、净负债情况以及现有负债结构进行计算而来的。查看债务的期限、利率和外汇汇率。

- **关联公司**：使用市场共识或你自己的预测来计算关联方的影响，不要让汇率成为干扰因素。关联公司业务是统计进毛税还是净税中（如英国）？

- **税前利润**：税前利润是一种算术计算，对其进行审查是合理的。

- **税率**：查看公司以往的损益表税率和过去支付的现金税率，以及所有的指引。税收假设是否与当地的销售和利润核算假设一致？例如，如果欧洲分公司的利润是增长最快的部分业务，因为欧洲的税率更高，那么公司的税率是否必然相应提高？如果资本支出在增加，那么是否在税率中有所反映？企业给了哪些指引？

- **税后利润**：税后利润也是一种算术计算，对其进行审查也是合理的。

- **少数股东权益**：少数股东权益的计算是否与顶层假设一致？

- **优先股股息**：一种简单的计算，现在很少适用。

- **收益**：一种计算结果。

- **每股收益**：核查平均发行股数的计算，年内是否有期权发行或回购，或预期会有？重要的一点是要与现金流量表预测中的假设一致。

9.4 现金流量表和资产负债表

通常情况下，现金流预测能反映出很多问题——令人惊讶的是，能够准确预测现金流的分析人士竟然如此之少。

现金流预测遵循类似的逐行仔细估算方法，资产负债表包含发行或回购股数、留存利润（扣除股息）和现金变动等数据。我们应该在股价重估时将重要因素考虑在内，尤其是养老基金赤字，但这些要素很难预测。我通常只制作一张总结性的预测资产负债表（包含股权和净债务的简表），因为我认为逐行仔细阅读资产负债表不会加分太多，但实现起来难度并不大。有时，设想一下3年后资产负债表的情况是有帮助的。

如果先做详细的预测，估值就只是一个简单的计算问题，并且在估计中找到正确答案的风险更小。如果先做估值，就总是容易高于或低于假设以适应情况，这就是为什么我更喜欢先预测数据，然后完成估值比率的计算。

关键问题是要清楚地了解驱动因素；预测内在的假设以及这些假设如何随时间而变化；利润、资产负债和现金对这些变化的敏感度。如此一来，即使你的预测不准确，你也能对估值可能受到的影响有个基本看法。

我强调的是预测的范围，处于这个范围内的可能性，以及由此产生的敏感度。如果利润有10%的可能性下降80%，因此债务将比债务合同约定的高，那么这是一个比利润有20%的可能性下降50%的假设更严重的假设。

我要反复强调的是，预测与其说是一门科学，不如说是一门艺术。拥有一个包含百万行代码的模型并不能保证让你的预测正确。事实上，我认为它更有可能是误导，甚至更糟糕的是，它给你一种错误的舒适感，认为你是对的。根据我的经验，任何费心费力的计算总是能给你一个足够接近的答案，但基于损益表和现金流量表逐行假设基础之上建立模型的原则有助于确保你不会遗漏任何内容。

因此，对我而言，模型的构建是我的研究中不可或缺的部分。然而，我总要尽心尽力地检验我的模型结果的有效性，以确保模型假设的合理性。梅金森考威尔公司（Makinson Cowell）的创始人鲍勃·考威尔（Bob Cowell）告诉我，他曾为他的一位客户——一家石油巨头——检查过排名前三的分析师的模型。

维持简单是最安全的，除非你准备投入足够的资源来保持它的准确性。根据我的经验，我们不值得不断付出努力提高预测的精确度，通常这也是不切实际的。实际上，学术研究发现，大多数电子计算数据表都包含错误，而且很多错误都非常严重。

9.5 预测

买方分析师和卖方分析师通常会将自己的预测与市场共识进行比较。这是一个更为关键的分析方法，也是我们需要分析师的最重要原因之一。但这些预测会受到一系列外部因素的影响。很少有企业能准确预测今年的公司利润，更不用说它们的现金流了。用预测值的范围来弥补中间值估计的不足是有用的；一只可能赚1亿英镑±1000万英镑税前利润的股票，其价值明显比一只在顺境下可能赚1亿至1.1亿英镑，而在逆境下只能赚到6000万英镑的股票要高。

卖方预测的可靠性和季节性

卖方分析师的时间很紧迫，现在尤其如此，因为他们的覆盖范围比我刚开始工作时要广得多。这意味着他们在寻找快速获利和短线交易，在做预测时几乎没有时间开展基本的内务工作。屡屡让他们感到措手不及的一个问题是复活节的时间，当复活节从第一季度转移到第二季度或从第二季度转移到第一季度时，就可能对同比增长率造成严重影响。

另一个基本的问题是计算一财年有多少周，或者查看各季度的日程安排。一个典型例子是：曼联（Manchester United）2017年第三季度的业绩让市场感到失望。据两家大型转播公司报告称，转播收入的增长低于预期是由于赛程安排的原因，他们少打了一场英超主场比赛。这些分析师在做季度预测时并没有费心思去计算有多少场主场比赛会落入下个季度。这种马马虎虎的表现并不罕见。

预测的技巧和合理性检查

做到合理的预测是相当困难的，对私人投资者要比对机构或投资银行/经纪公司的专业人士困难得多。对于私人投资者来说，最好的方法是先检查市场共识［通常可以从媒体和像"寻找阿尔法"（Seeking Alpha）这样的专业博客上获得］，然后通过交叉对比和运用常识去质疑预测是否合理。这是非常有效的策略。

对于专业人士来说，预测是一个漫长而乏味的自下而上的过程。我经常挑选一些经纪商的预测来逐行核对，从而判断我的预测与行业专家的预测是否相符。我还会仔细观察预测的分布情况，这有时可以告诉你市场对预测的怀疑程度——尤其是如果你关注的是今年之后的情况，卖方分析师还会受到上市公司投资者关系部门反馈的严重影响。

图9.1显示某欧洲工业企业的EBITDA预测的分布情况。该公司没有提供指引，但分析师们的预测值却非常集中，平均值为34.94亿欧元（浅灰色条虚线），中位数为34.71亿欧元，最高值为33.05亿欧元，最低值为33.05亿欧元。我下载并整理了他们的估计值，然后看到如图9.1所示的曲线形状。有三位分析师的预测值明显高于整体估值，另有三位分析师的预测值仅比整体估值低4%或以上，其中最高值与均值的差距非常明显。

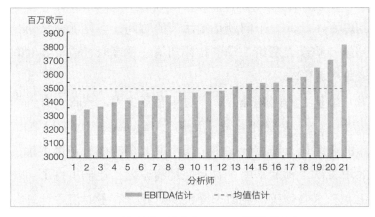

图9.1　某欧洲工业企业EBITDA的预测结果

资料来源："读懂资产负债表"（Behind the Balance Sheet）。数据来自彭博社。

然后，我通常会更仔细检查最高和最低区域的预测值，检查电子计算表格，可能还会询问相关分析师他们预测背后的理由。如果你在为一家大型机构工作，你通常会拥有能与所有经纪人交谈的优势，而小散户投资者可能连这些异常值都不知道。

自欧盟金融工具市场指令Ⅱ（MiFID Ⅱ）推出以来，这种分歧变得越来越深刻。欧盟金融工具市场指令II是一项旨在使研究成本更加透明并降低终端投资者成本的监管创新——在我看来，它可能会减少研究的选择，最终会抬高研究的成本，从而有利于大规模投资者。

因为我的投资方法是专注于预测，我在这方面的研究可能比其他方面花费更多的时间。利用分析师们的共识是个不错的开始。

9.6 估值

估值的基础是了解当前的股票估值相对于历史的价值，以及这种估值随着时间的推移可能会发生哪些变化。

在我认为预测结果令我满意之前，我一般不会过多地关注估值。我知道有些投资者（包括一些伟大的价值投资者）只使用历史数据，他们认为预测是浪费时间。这对他们来说或许是一种有效的方法，但我认为估值一定是要面向未来的，所以我觉得必须了解前景。我更倾向于将我的预测过程与对估值的检查区分开，这样可以避免思维被影响，从而求解出正确的结果。

最重要的问题是，我的预测与华尔街相比表现如何，特别是每股收益（EPS）、息税折旧摊销前利润（EBITDA）、自由现金流等，到企业价值（EV）。如果我的每股收益、息税折旧摊销前利润和自由现金流的预测值高于分析师普遍预期，那么显而易见，用我的数字计算出来的一两年后的估值更具吸引力，因为不仅收益和现金流会更高，而且企业价值（EV）会下降得更快，EV/EBITDA和EV/销售收入倍数也会以更快的速度下跌。企业价值（EV）等于市值加上债务（加上其他调整），所以如果债务下降，企业价值也会下降。

我对这些预测有多少信心？这些预测的敏感区间是什么？通常情况下，这取决于新产品的销量增长率或是提价的程度。接下来就是决定一个中心估值的问题了；围绕这个中心估值，再决定股价可以上涨多少,以及在熊市和牛市中的表现。

历史估值

我们要把当前的估值放在历史的范围内进行考察,这一点很重要,但是我认为美国投资者对此过于执着。美国的卖方分析师喜欢根据以往的市盈率确定目标价格。在我看来,这过于简单化了,因为随着业务的变化和增长率的变化,过去的市盈率可能不再适用。

虽然历史是一个重要的参考背景,但市盈率也会受到市场估值变化的影响。因此,我更喜欢观察市盈率相对于本地市场及其历史范围的变化。图9.2说明目前宝洁公司的股价相对于整个市场而言处于一个相当狭窄的波动区间。

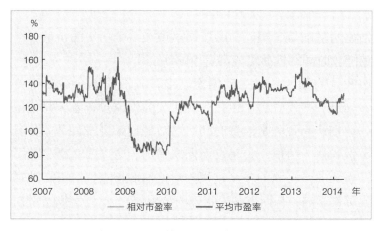

图9.2 宝洁公司股票的历史相对市盈率和平均市盈率

资料来源:"读懂资产负债表"(Behind the Balance Sheet),森提奥(Sentieo)的IBES估值。

对于周期性企业,市盈率的极值是无法提供帮助的,下面讨论的企业价值(EV)/销售收入倍数在做对比分析是一个更好用的工具,但它有一个重要缺点——难以计算。虽然美国的分析师更关注市盈率的历史区间,偶尔也会关注市净率,但我发现相对于市场总体、EV/EBITDA和市净率而言,历史区间作为长期参考对于市盈率的比较更有用处。

最简单的衡量标准是相对市盈率,我喜欢观察基年、未来第1年、未来2年,如果可能的话,我还乐于观察未来第3年的市盈率预测。请注意，很少有人费心去做第3年的预测，但我想尝试一下。显然，要对今年或明年作出准确的预测是相当困难的，不比在黑暗中摸索强多少；尽管如此，它还是很有用的，因为它迫使你多想一步，思考那些可能的趋势。

如果每股收益的增长速度快于市场预期，那么该股股价通常会在第一年上涨。这种溢价往往会随着时间的推移而消失；第1年和第2年的数字就成为历史了。重要的是要记住，5年前市场观察的市盈率可能是在类似的背景下——回顾过去，我们已经知道了实际结果，但在当时的情况下，市场主要依靠的是预测。

更好的办法是将一年后的相对市盈率与过去相同的变量进行比较，但这并不总是可行的。当我们建立自己的数据库时，我曾使用过这样的工具，但它没有被复制在我遇到的任何经纪系统中；不过，彭博社上有一个非常有用但相当粗糙的工具，叫作股票相对估值（EQRV，Equity Relative Valuation）。我们应该对彭博社和辉盛的指标始终保持谨慎，因为它们的相对估值倍数可能是根据不同的指数计算的。

我们应对市盈率预测值与其历史水平值的比较保持谨慎。这种比较最适用于增长率相当稳定、可预测性较高的公司。同样的限制也适用于EV/EBITDA（通常更多的是比较其绝对值，而非相对值，因此受市场总体水平和利率变化的影响较大）和市净率。市净率的优势在于，它的波动范围通常较小，因此可比性更大。但同样地，它的有效性取决于资产回报率的变化——如果资本回报率下降，你就不能指望市净率与之前相同。

EV/EBITDA的计算存在实际困难，通常由像彭博社这样的标准系统计算出来的值效果不佳，分析师并不总能考虑到这一点。因为你使用的是EV的预测值，就有必要将EV和EBITDA向前滚动计算。因此，如果企业的现金生成能力很强，债务将随着时间的推移得以偿还，从而压缩企业价值，降低EV/EBITDA倍数。我在计算中一般会使用平均债务水平，当少数股东权益或关联交易重要时，我会考虑这些债务，并用一个固定的EV/EBITDA倍数滚动计算EV值。这种方式可能对计算技术要求过高，但对于现金生成类企业来说，估值的差异可能非常大，准确计算非常重要。

传统方法的问题

股票经纪人采用的传统估值技术是关注静态市盈率。这种使用市盈率（或EV/EBITDA）的方法，实际上是对公司现金流贴现估值模型的一种简化，其缺陷是内在的，因为它过于强调第一年的预测。对于变化不大的公司，这种估值方法往往相当有效，特别是那些被广泛跟踪、存续时间长且有很多可比较对象的公司。

这种方法对周期性公司的效果往往不佳。要了解这些企业的真正价值，关键是要很好地理解当前的利润率相对于长期正常化利润率是高还是低。即便企业今天的利润率高于过去10多年的平均水平，只要它有可能在未来持续下去，那么这个行业或企业的质量很可能是在提高的。这是一个完全有效的假设，因为对达到利润率峰值的公司以更高的市盈率估值是合理的。但这也很危险，因为从长期来看，利润率往往会回归到均值水平（尽管美国企业的利润率在全球金融危机后的10年里一直保持在高位）。

同样地，当我们观察如下这些公司时，这种方法也不太可靠：

- 变化很大的公司
- 上市时间短的公司
- 可比较的上市公司少的公司
- 分析师跟踪少的公司
- 缺乏一致性估值的公司
- 短期花重金做市场营销，所以拥有长期利润观的公司

我将在下面讨论各种估值方法的优缺点，但只关注静态市盈率的估值存在过于简化的风险。

9.7 估值技术

下面我将介绍标准的估值技术，并解释我个人喜欢的估值技术。

　　每个人都有自己喜欢的估值比率，不同的公司通常有市场偏爱的属于它们自己的估值方法。我通常会使用一组相对稳定的估值比率，但我会依据不同的公司、估值水平和特殊情况相应增加某些比率的权重。

市盈率和EV/EBITDA倍数

　　如果你只能拥有一种估值工具，那应该是市盈率。市盈率是公司估值最简单、最有效的工具。

　　市盈率是使用当前盈利水平的现金流折现估值模型的简化版。我总是将它与EV/EBITDA倍数结合起来使用，通常股票的市盈率看起来很便宜是因为公司的税率太低或债务太多，而这两者都会反映到EV/EBITDA倍数中（因为EBITDA是扣除利息和税金的收益）。

　　我喜欢研究相对于本土市场的市盈率，然后寻找一个既低于历史水平同时又在下降的指标（因为它的收益增长速度快于市场）。在当前的市场上很难找到绝对低水平的市盈率——的确存在很低的市盈率股票，但这有可能是价值陷阱。如前所述，对于未来的EV/EBITDA倍数的计算，最好要有自己的预测，这样你便可以考虑未来一到两年的债务水平，而不是单纯依赖市场共识。

标准化的市盈率

　　席勒市盈率（Shiller P/E）或周期调整市盈率（CAPE，Cyclically Adjusted P/E）在评估市场时都很常用——它们是基于10年平均收益的估值倍数，反映出收益具有周期性，市场估值应该基于更长期的事实。

　　公司也是如此——你可以看看10年平均的每股收益，看一下股票在此基础上是如何估值的，或者对收益进行标准化处理后再来计算市盈率。我通常会从5年和10年平均收益率的角度来看今天的收益率。这实际上是从不同的角度审视同样的财务指标。

同行业比较

将估值指标与国内和其他市场的可比公司股票进行比较，并将公司估值与行业的平均水平进行比较，这是一种简单的检查方法，可以帮助我们了解市场对某个公司的看法。有时候，一家公司的收益增长轨迹完全不同于其相对估值。表9.1列出了我从一位经纪人那里借鉴的例子。为了避免尴尬，我对这位经纪人匿名。

表9.1　　　两家休闲公司股票的相对估值（2016年中）

年份	TUI公司（便士）	增幅（%）	托马斯库克公司（便士x10）	增幅（%）
2016	78.6	—	71.2	—
2017	101.7	29.4	105.9	48.7
2018	112.1	10.2	133.5	26.1
2019	122.4	9.2	146.7	9.9

资料来源：某匿名经纪人。

托马斯库克（Tomas Cook）公司的每股收益在表中要乘以10才是实际的数据，该公司刚刚发布盈利预警，其股票被认为是低质量的股票。与此同时，TUI公司的每股收益在表中以便士表示，它被认为是一家质量更高的企业。2017年，托马斯库克公司的市盈率为6.9倍，而TUI公司的市盈率为10.5倍。

现在，市场并不相信托马斯库克公司的预测，人们往往对于50%以上的相对估值差距抱有极大的怀疑——特别是因为托马斯库克公司预计不仅它会在2017年更快地实现反弹，而且在2017年之后还会以更快的速度增长。与同行进行比较是估值过程的重要组成部分。

当然，我们有必要再多比较几家公司，但为了简单起见，此处被省略了。我仅仅展示了市盈率的对比情况。尽管存在这种估值差异，但托马斯库克公司的表现仍明显不及TUI公司，直到2019年托马斯库克公司最终破产。因此，过于依赖估值是危险的。

EV/销售收入倍数——被低估的估值工具

EV/销售收入倍数可能是最被低估的估值指标之一，部分原因是如果孤立地看，该指标并不是那么有用。它在极端情况下最有用——EV/销售收入低于0.15表明这只股票非常便宜，而超过12倍的估值则通常意味着这只股票非常贵（显然，这两个极端都有例外）。

EV/销售收入倍数是我关注的仅次于市盈率和EV/EBITDA倍数的第三个指标。因为它不太受欢迎，反倒特别有用。即使是一些相当老练的投资者对它也不是特别熟悉。我曾遇到时任TCI公司合伙人的马斯鲁尔·西迪基（Masroor (Mas) Siddiqui），他现在是对冲基金公司纳雅有限责任合伙公司（Naya Management LLP）的执行合伙人，我们讨论过估值倍数问题。当我提到EV/销售收入倍数时，明显能看出他没有用过这一工具，他认为我是在开玩笑。

在投资界，找到其他人都不用的工具真的是一个非常有效的策略。EV/销售收入倍数的益处颇多，原因如下：

1. 销售收入不会撒谎

对再狡诈的首席财务官来说，捏造销售数据都是极其困难的。当然，这还是可以实现的，特别是可以把未来的销售收入计入本年度。这可以通过改变年底发货的截止日期来完成，例如，在发货前开具发票。你只需要在12月31日寄出发票就可以了，虽然货物要到下一年的1月2日才寄出。

但是，他们自己也知道这样的把戏很难长时间实施。当然，如果销售收入能受到人为操纵，那盈利数据也能受到操纵，甚至被操纵的可能性更大。因为操纵销售收入的方法有限，而且主要是欺骗性的手段，所以它大体上应该是一个可靠的衡量标准。

2. 市销率不是一个有用的衡量指标

我更倾向于使用企业价值（EV），而不是市销率（股价与销售收入之比）。由于某些不得而知的原因，后者却更为常用。市销率没有考虑债务和其他形式的负债，例如，如果公司有少数股东权益，销售收入不可能100%属于你。销售收入属于息前数字，所以应该考虑债务水平因素。我经常看到一些机构引用标普的市销率数据，但这并没有多大意义。

3. 稳定的指标

EV/销售收入倍数是EV和销售收入两者之比，它对于大多数公司来说都是非常稳定的。对于一些周期性公司而言，它有些波动，但波动性比EV/EBITDA小不少，比市盈率小更多。因此其波动范围有限，这使其成为在决定公司历史相对估值水平中非常有用的工具。

4. 变化是有意义的

如果你的股票的某个估值倍数原本相对稳定，现在突然出现了一个极值，就是在提示你一些有用的信息。从EV/销售收入倍数看来，如果该股在历史上从未如此便宜，那么，你此时需要考虑的是：是否发生了一些改变公司长期基本面前景的负面事件？

如果公司及其基本面仍然比较稳定，那么EV/销售收入倍数的下降通常反映的是盈利水平的暂时下降。如果你长期持有这只股票，当它的盈利水平再回来时，你应该会看到它的价格上涨。

5. 两部分的变化

人们觉得EV/销售收入棘手的一个原因是，你需要在这个倍数中考虑两部分的变化：你不仅要根据历史情况来评估这一倍数，还要根据利润率和销售增长来进行评估。两大变化因素让评估变得较为复杂，但在你熟悉之后，它就会变得简单。

6. 评估亏损的公司

对于一家亏损的公司来说，用EV/销售收入倍数指标具有无与伦比的优点。如果公司的EBITDA值为正，你可以使用EV/EBITDA倍数指标，但如果你正在评估的是一家初创的互联网企业，用EV/销售收入就是非常有用的。在研究周期性很强的公司时，比如汽车行业或航空业，EV/销售收入也非常有用。汽车行业分析师在他们的研究报告中经常提到EV/销售收入收入数。但遗憾的是，他们仅是例外。

7. EV/销售收入是一项有用的长期指标

公司有时会在连续几年的时间里被高估或低估。由于EV/EBITDA和市盈率的波动性相对更大，EV/销售收入可以成为判断股票被长期高估或低估趋势的有用信号。尤其是相对于股市的底部或顶部而言，它也是一个更好的信号。

不幸的是，这个指标的计算相当复杂，因此相对很少使用。我甚至认为没有什么系统可以精确地给出计算结果——在我看来，彭博这样的平台在EV/销售收入计算中提炼得不够，因此使用时可靠性相对较低。这可能是我们的研究报告在过去20年里比较落后的一个方面！

8. 没有一劳永逸的调整

与市盈率不同，计算EV/销售收入倍数不需要对可重复性作出复杂的假设，也不需要对重组费用和类似的一次性支出作出调整，这已是相当简单的计算过程了。但对一些复杂的企业，企业价值（EV）的计算就会有点儿棘手。

9. 比较EV/销售收入的案例

请允许我用一个实际的例子来说明它的实用性：我计算出的亚马逊的EV/销售收入倍数低到令我惊讶，但其销量收入增长却非常迅速。当我推算出亚马逊2014年的EV/销售收入倍数时，我发现即使相对于两年后的美国股市而言它也是有折价的，我认为这对一家市场表现良好、品牌和增长前景都不错的企业来说是荒谬的。我的这个观点最终得到了证实。

表9.2比较了亚马逊和沃尔玛的历史估值。请注意，为了简单起见，我没有对企业价值的计算进行我推荐的全部调整，我将单独讨论企业价值的计算问题。

表9.2　　　　2014年亚马逊和沃尔玛的市盈率与EV/销售收入倍数[1]

指数	亚马逊	沃尔玛	亚马逊与沃尔玛的相对值
静态市盈率	n/a	13.3	n/a
5年均值	562.5	14.5	38.8
动态市盈率	130.9	13.7	9.6
5年均值	178.9	13.5	13.2

---

[1] 与其他相对值不同，"利润率"和"5年均值"的相对值计算应该用的是沃尔玛的数值与亚马逊的数值之比。——译者注

指数	亚马逊	沃尔玛	亚马逊与沃尔玛的相对值
EV/EBITDA	37.1	7.1	5.2
5年均值	40.3	8.0	5.1
EV/销售收入	2.5	0.5	4.8
5年均值	2.1	0.6	3.5
利润率	0.9%	5.3%	6.1
5年均值	1.6%	5.8%	3.6
5年销售收入增速	160%	15%	10.6

资料来源：作者计算，雅虎，这两家企业，彭博社和辉盛（FactSet）的共识。

从以盈利为基础的估值倍数（市盈率）来看，亚马逊显然太贵了，因为该公司对未来增长的投资抑制了它当前的盈利能力。即使按EV/EBITDA计算，其倍数也接近40倍，是沃尔玛的5倍多。EV/销售收入倍数也是如此，亚马逊的EV/销售收入倍数是沃尔玛的近5倍。但如果考虑销售收入增长率和利润率，则情况有所不同：

• 在过去5年中，沃尔玛的销售收入增长了15%，而亚马逊的5年销售收入增速是它的10倍多，亚马逊的5年销售收入增速超过了160%。5年前，沃尔玛的销售收入是亚马逊的12倍，在过去12个月间，这一倍数缩减至5倍。展望未来5年，如果两家公司保持相同的增速，沃尔玛的销售收入则将只有亚马逊的2倍。

• 亚马逊当时新成立的云服务业务（AWS）的发展扭曲了它的利润率，我认为它对利润率产生了负面影响。通过对零售利润率进行比较，亚马逊的零售利润率可能是在增长的，而沃尔玛的零售利润率可能是下降的。这一情况可能还会持续下去。

根据EV/销售收入倍数给亚马逊估值得到的最有趣的结论是：按照这一指标，在接下来的18个月里，该公司的估值应该低于美国市场平均水平——如果你认为亚马逊永远不会盈利，那就是合理的；但如果你认为亚马逊有可能比传统零售商赚钱，或接近在美上市公司的平均水平的话，那就不合理了。

我不会买一个EV/销售收入超过12倍的公司，因为我还没有发现哪家公司的增长或盈利能力配得上如此高的估值——我确信这样的公司的确存在，但它们不能给我提供足够的安全边际。相反地，EV/销售收入在0.15倍以下的公司也是非常罕见的，而且它也不便宜。

因此，EV/销售收入倍数至少是一种有用的辨别工具，它可以帮你判断你是否为一只利润率暂时低迷/过高的股票支付了较低/过高的价格。长期跟踪一家公司的EV/销售收入倍数通常比更传统的估值指标能让你更清楚地了解该公司在盈利周期中的位置。最后，与EV/EBITDA倍数或市盈率相比，EV/销售收入倍数的绝对水平可以更清楚地表明公司的估值是否过低或过高。

企业价值（EV）/单位产能

在可能的情况下我喜欢使用物理测量值。我发现按每间客房的价值对连锁酒店或邮轮公司进行估值要容易得多。比如，印度某著名公司在首次公开募股时，是按每名员工的价值估值的（它的首次公开募股完全是炒作，投资者根本懒得去核实这家初创公司的员工数量——它的募股自然而然地失败了）。

以单位产能为基础比较估值是有意义的，尤其是在一个行业内进行估值比较。这是一种非常简单的实际情况检查，但有些令人惊讶的是，这么做的投资者并不多。当你研究一个简单的同质性行业时它最为有效，发电厂就是一个很好的例子，但它也可以推广至像航空和汽车等行业。

奔驰车当然比尼桑车卖得贵，所以如果每辆奔驰车不能比尼桑车让公司赚更多的钱，那是非常令人惊讶的。但是把这两家汽车量产制造商进行比较也是合情合理的。其中一家公司目前的产量可能较低，因此盈利能力也较低，以单位产能来衡量可能非常便宜，但以简单的市盈率衡量，它可能看起来更贵；如果你相信新的车型推出后可以提升销售收入，那就可能是一个不错的（股票）买入时机。

同样地，观察其企业价值（EV）/汽车产能比值随时间的变化，不论是向前看还是向后看都可以给你带来有用的判断——如果产能在增长，而资本支出的峰值已经过去，企业价值可能会随着自由现金流的增加而迅速收缩，随着汽车产能数据的上升，单位产能的企业价值可能会大幅下降。回顾公司的历史，您可以了解到市场是如何用企业价值（EV）/汽车产能这一指标对企业估值的，以及这对其未来估值会产生什么影响。

1. 相对于重置成本的企业价值

发电厂是另一个很好的例子——几年前，我在伦敦西部的兰斯伯勒酒店（Lanesborough Hotel）与德拉克斯（Drax）公司的首席执行官共同参加了一场早餐会。我惊讶地发现，坐在我旁边的是当时规模高达30亿美元的做空型股票对冲基金佩勒姆（Pelham）公司的首席投资官罗斯·特纳（Ross Turner）及其公用事业行业分析师。罗斯是我的私人朋友（他不是我工作上的朋友），在会后聊天时，我们发现彼此的观点截然相反。

罗斯是电厂的做空者——我记得他当时认为公司的投入成本在上升，公司可能无法实现预期。我认为投入成本上升是对的，但这无关紧要。我去参会是因为我判断德拉克斯的企业价值刚刚超过10亿英镑（在图9.3中大约4英镑/股），这约等于建造如此大规模发电站的一小部分成本（德拉克斯是一座容量达4千兆瓦的发电站，也是英国最大的发电站）。让我感到更加乐观的是，管理层当时正在将部分产能从煤炭转移到生物燃料，如此一来，企业就能从环境补贴中受益。

图9.3讲述了这个故事——尽管短期来看该公司的利润呈下降趋势，但它确实是一个买入信号。需要注意的是，对于发电厂来说，必须将环境责任作为企业价值的一部分，否则核电就看起来太便宜了。另外，我们注意到，由于市场对德拉克斯公司生物燃料发电产能和盈利能力的担忧，其股价暴跌，甚至低于其账面价值。

2020年初，该公司的估值再次达到10亿英镑左右，从重置成本来看这个估值很低，但它遭遇了政府撤回可再生能源预算支付和欧盟国家援助调查的双重打击。一位经纪人认为其清算价值应超过每股1英镑。

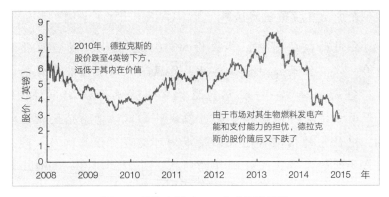

图9.3　德拉克斯（Drax）公司的股价

资料来源："读懂资产负债表"（Behind the Balance Sheet）森提奥数据库（Sentieo Data）。

重置成本是一个分析投入资本现金收益率（CRoCI, Cash Return on Capital Invested）的有用工具——CRoCI被用来评估现金收益率随时间推移呈现出的趋势，以及收益率将如何下降。但它也是一种很好的判别工具，它使判断重置成本或资产的替代价值成为可能。分析不动产资产，尤其是小企业的不动产资产就是一个非常棒的例子。下面以2014年的食品零售商为例，从某专题小组的讨论会我们可以了解重置成本是如何在实践中发挥作用的。

像杰弗里·斯特林（Jefrey Sterling）这样的企业收购者可以以低于其不动产资产价值的价格收购一家百货公司的日子已经一去不复返了，至少在理论上如此。我在2014年开始写本文的时候，像莫里森（Morrison）和森茨伯里（Sainsbury）这样的超市的股价低于其不动产资产的价值。这是一个有趣的难题，尽管它并没有什么意义。森茨伯里公司的股价多年来一直低于它的不动产价值，即便有人试图打破这个局面也未能成功。股市投资者那时候可能认为森茨伯里的不动产根本就不值估值师认为的那么多钱，公司被迫陷入现金流不断下降的旋涡（其实该公司通过债务、养老金赤字，特别是以租赁承诺形式存在的表外债务等形式持有相当高的杠杆）。由于超市价格战——有来自阿尔迪和利德尔（Aldi and Lidl）自下而上地侵蚀，以及来自维特罗斯（Waitrose）自上而下地侵蚀，以及奥卡多（Ocado）的横向侵蚀——压低了公司的利润率，森茨伯里被迫削减股息。

该公司财报公布时，其股价为310~320便士，我当时的看法很简单：森茨伯里公司面临着很大的风险。该公司非常优秀的首席执行官刚刚离职——我觉得这就像老鼠离开沉船一样——价格战毫无意义，但以前也发生过多次。其不动产估值的收益率为4.7%，这让它的估值看起来比股市的可变现价值高得多。此时该公司需要做的是停止投资额外的门店，并尝试创造一些自由现金流。它的问题是，需要销售线的增长来为业务提供资金，因为供应商贷款是支付给企业的一笔巨额预付款。

顺便说一句，请注意，森茨伯里是一家很聪明的公司，它的年终报告耐人寻味——我敢打赌，它的平均营运资金比年终值要高很多。

因此，如果销售线收缩，信贷数量就会减少，企业实际上需要更多的现金流。当然，销售收入的下降也会降低公司的购买力和长期毛利率，这就是为什么所有杂货商都在拼命扩张。

高水平的空头净额对投资该股是潜在的吸引力，但卖空者之一是兰斯当（Lansdown）公司，他们是这个市场上最聪明的参与方之一。从长期来看，森茨伯里的价格不会一直低于其不动产资产的价值。当竞争环境减弱时，不动产的价值将可能向下重估，届时公司股票的价值也将重新估值。

考虑到这些不确定性，我便放弃了投资森茨伯里的股票。18个月之后，我实际上以更低的价格做空了森茨伯里公司的股票。

2. 企业价值（EV）/雇员数

观察公司单位员工的企业价值是另一有效的衡量办法。英国物流公司蒂贝特和布里顿（Tibbett and Britten）的人均企业价值低至1000英镑。它不是一家伟大的公司，它有很多名员工，但这么低的人均企业价值仍然显得非常荒谬——该公司最终被接管了。较低的人均企业价值可能表明公司需要裁员，估值过低，或者公司面临结构性挑战。

一家为云存储公司（Dropbox）筹集资金的风险投资基金对该公

司的估值为人均企业价值6000万美元——这看起来有点儿愚蠢，但有意思的是，我差不多也算出这个数字。我在罗斯柴尔德投资信托（RIT，Rothschild Investment Trust）公司的朋友参与了那次投资，而且赚了很多钱——这有力地说明了投资行业不能墨守成规。

当我研究专业服务公司时，我发现专业服务人员的人均收入是很有用的统计指标，有趣的是，有些公司内部也在使用这个指标。这进一步证实了人均企业价值是一个有用的衡量标准。

大多数公司都会说明他们雇佣的人数；美国的公司并不要求这样做，但他们的毕业生招聘网站通常会告诉你大致的情况。观察公司人均企业价值随时间的变化，及其与同行的对比情况，可以给你提供有效的洞见和股价合理性检查依据。

自由现金流收益率

许多投资者关注公司的自由现金流收益率，即公司产生的现金流与其市值之比。我喜欢将其看作EBITDA减去营运资金投资，减去维持性资本支出，减去其他调整（如税收等）的结果。下面逐一说明。

1. 息税折旧摊销前利润（EBITDA）

息税折旧摊销前利润是相当传统的企业业绩衡量标准，在此无须进一步阐述。

2. 营运资金

营运资金则稍微复杂一点儿。从理论上来讲，观察历史上的自由现金流（FCF，Free Cash Fow）很简单，但要当心那些突然在年底奇迹般释放营运资金的公司。一些分析师根据上年的存货周转情况以及应收账款天数和应付账款天数来预测未来的营运资金；我更喜欢采用多年的平均值。对于那些有多币种、多部门的大型公司而言，问题在于营运资金很难预测，极难计算准确。

3. 资本支出

资本支出是另一个容易出问题的指标。正在快速成长的公司通常需要投资营运资金以支持销售增长，并通过资本支出来实现这一增长。在评估自由现金流时，你应该调整资本支出的增长率并观察维护性资本支出——保持资产状态稳定所需的资本支出水平。对于越来越多拥有大量技术风险的公司来说，这还应包括对无形资产的必要投资。

然而，计算维护性资本支出是很困难的。有时候，首席财务官可能会告诉你答案，如果你是一家大型银行或大型买方机构的分析师，这是没问题的，但外部人去做这件事要困难得多。即便是首席财务官，他对维护性资本支出的估计究竟有多精确，也是值得商榷的。大多数资本支出形式包括重置性资本支出、增长性资本支出、开发性资本支出或其他类型的资本支出，但资产通常会被更好的样式所替换，因此，在重置资产中有增值的成分，但这是很难计算的。

最好的粗略估计方法之一是折旧费用（适当情况下可加上软件和其他摊销费用）。好公司的资产贬值速度会比实际需要的快一点儿，所以可以把10%~15%的折旧率视为一种合理性检查标准，尤其是当公司所在的行业正处于技术发展阶段，资产成本处于下降趋势的情况时尤其如此。在资产周转率高的公司，例如某些资产密集型租赁公司，也应考虑处置利润。

还可以通过观察多年（比如5~7年）的平均资本支出/销售收入和厂房设备/销售收入比率来进行交叉验证。将今年的折旧费用和资本支出（适当情况下可以加上无形资产的增加值）与销售收入之间的比率与5年的平均值进行比较。另一种方法是取厂房设备/销售收入的平均值，用于预测今年的销售收入增速；从今年的资本支出中扣除计算结果，就得到了维护性资本支出的代理指标。一系列因素（如折旧、扣减增长性资本支出估计值之后的资本支出、平均销售性资本支出乘以今年的销售收入）的平均值可能会为维护性资本支出提供更好的估计结果。

4. 其他调整

• 对其他科目进行调整计算也同样棘手。历史纳税额可以从英国的公司账户或美国的公司文件的现金流量表中获得，但预测要复杂得多。比如，下一年缴纳的税款将与今年的税费 ± 递延税的调整相关。此外，可能还需要一些其他调整。

因此，自由现金流的计算非常困难，需要十分谨慎。这个数字可能相当奇怪，因为相对于企业的销售收入基数或资产基数而言，它是一个相对较小的数字，而且误差可能在计算过程中的每一步不断累积。它是一个重要的工具，但并不总是非常可靠。

不出意料的是，分析师对自由现金流的估计范围通常比每股收益的估计范围要大得多。算出自由现金流收益率是可能的，你可以先算出你认为该股票应该提供的自由现金流收益率，然后将其转化为自由现金流数值，最后估计一下该公司持续产生这种水平的自由现金流的可能性有多大。

贴现现金流模型的缺点和实际应用

传统投资理论认为，贴现现金流模型是评估企业价值的最佳方法——估计企业未来产生的现金流和在预测期结束时的终值，再贴现回当前价值。

在实践中，这样做极其复杂——除了需要选择正确的贴现率和正确估计期末终值的智力挑战，进行现金流预测本身就有问题，尤其是你预测的时间越久，问题越大。

经验丰富的投资者常说，他们关注的是公司的自由现金流收益率，即该公司产生的现金流值与其市值之比。当然，这是使用贴现现金流进行理论估值的基础。这种做法在实践中唯一的问题是，分析师在预测下一季度或下一年的每股收益时会遇到很多麻烦，而且一般情况下他们更不知道10年后的现金流是多少。

有很少的几次，我使用贴现现金流模型作为公司估值的辅助：

• 对初创公司进行估值。比如，当欧洲隧道（Eurotunnel）还是个建设项目时，它最初是亏损的，它的实际收入为零，评估其价值的唯一方法就是贴现现金流模型。但就欧洲隧道而言，根本无须使用贴现现金流模型。20世纪90年代中期，我说服朱利安·罗伯逊（Julian Robertson）的老虎对冲基金（Tiger）做空欧洲隧道，金额高达数亿美元——他们获得了90%的回报，然后就用这些钱再做多。我向当时负责的基金经理詹姆斯·莱尔（James Lyle）解释我不需要贴现现金流模型的理由后，他被说服做了这笔交易！

- 在进行敏感性分析时，贴现现金流模型可能是有帮助的——观察2~3个不同场景下估值的相对变化。

- 贴现现金流有助于确定哪些增值来自未来增长的潜力，哪些增值来自现有业务的持续性；将过多的价值归因于增长机会显然是有风险的。比如，如果公司拥有新的拳头产品，如某种新药，人们可以对比在没有该产品和终值时未来10年的现金流。如果未来10年的现金流能够支撑的估值过低，那么这在根本上可能是一次高风险的投资。

- 有时候，贴现现金流模型可以帮助构建估值的框架，例如，在第1章中提及的环球音乐公司（Universal）和声田公司（Spotify）的估值对比。但这都是比较例外的情况。

因此，贴现现金流模型不是我工具箱中的主要工具，但它确实也是可选工具之一。

股息率

我从来不认为股息率是评估公司价值的一个特别有用的方法。事实上，我认为股息率并非衡量公司估值的标准，它只是股票回报率的一个参考。股息是收益、派息率和可用现金流的比率的乘积，当估值不尽合理时，它通常被用来支持估值——一个很好的例子是试图在21世纪第一个十年的中期进入英国股市的麦格理（Macquarie）车辆公司。

这家公司拥有三大业务：马恩岛蒸汽包装公司（Isle of Man Steam Packet Company，它是一棵竞争有限的摇钱树）、曼哈顿的第二大停车场（当然，这必然是好生意）和美国机场行李推车公司（Rent a Car，该公司在"9·11"事件后利润大幅下滑，之后业务量出现反弹）。对该公司的估值过程并不那么令人激动，股息收益率很高——唯一棘手的问题是，由于资本支出已降至接近零的水平，股息是唯一的资金使用渠道。一旦他们考虑买一艘新渡轮，他们隔天就会获得红利。尽管在高收益的衬托下，该公司的估值看起来很有吸引力，但我对该公司的估值只有建议价格的一半。

在观察股息和收益率时，了解股息预测的大致范围可能会很有用，特别是在收入很重要的情况下，例如某个私人客户的投资组合。这个范围可以从行业的角度来考虑，有时它也可能表明公司管理层并没有足够明确的股息政策。当然，它也可能反映出一些分析师预测公司将削减股息。如果收入很重要，机会可能存在于股息政策没有明确传达的股票中：因为作为利润增长的结果，股息可能会出乎意料地增加。

欧洲经纪人的一项研究表明，2012—2016年，没有股息政策的公司的收益表现比有股息政策的公司要高出20%以上。这位经纪人推断，市场能够根据既定股息政策有效地给出未来预期回报的定价。与此相反，对于没有明确股息政策的公司，定价是无效的，这为主动型基金经理创造了机会。这与我筛选股息预测高波动股票的投资策略是一致的，但我认为它同样可能是相当随机的。

在过去的100多年间，股息收入一直是股市回报不可忽视的重要组成部分。我通常更喜欢股息增长的股票，而不是支付大额股息的股票，尽管后者的主要吸引力在于，管理层不愿意把钱花在愚蠢的收购上，而且他们往往对资本支出的要求更为严格。股息也可以很好地体现公司的质量和管理层的优先级——筛选股息贵族股票策略就是一个很好的例子。

股息的另一个问题是税收。我支持杰里米·西格尔（Jeremy Siegel）的建议，即如果股息再投资，不应作为收入征税，而应在出售股票时征税，尽管这可能难以管理。

我不认为股息率是一种有用的公司估值方法（我认为它就不是一种真正的估值指标），如果一家企业经营遭遇麻烦，股息通常是最先消失的东西。我更喜欢其他更加基础性的价值衡量标准。

倍数峰值

对于周期性公司，我发现考虑收益峰值（和收益低谷值）的倍数是非常有用的。这可以保证我不至于过度热情，并确保我支付的价格——相对于以往的经营业绩巅峰——不会达到历史高位。我的许多估值工作都是为了在估值过程中引入检查措施，以确保估值有一定的安全边际。

市净率

如今，上市公司的账面价值普遍如此之低，而价格却如此之高，结果是市净率（股价与账面价值之比）已经失宠。无形资产与商业繁荣的关系日益增强，这也降低了市净率的效用。但它对金融行业仍然有作用——尤其是房地产业，还有保险和银行业。显然，它能让你了解是否有实际的资产来支持股价，特别是使用调整后的有形资产市净率方法——我更喜欢这种方法。付出多倍的商誉对我来说一点儿也不舒服，因为资产负债表上的商誉价值可能被高估了。

账面价值有时是不可靠的，而且往往是不可比较的，比如美国公认会计准则（GAAP）与国际会计准则（IFRS）对无形资产处理的区别。美国公司通常按实际发生的支出情况记账研发费用，而欧洲公司则被允许对某些开发成本资本化和摊销。随着时间的推移，尽管摊销可能接近于支出，但从较长时期来看，它们往往存在巨大的差异，当然，美国和英国制药公司的EBITDA倍数可能相差很大。

另一个问题是对资产负债表上的资产和负债进行估值。对市值接近资产负债表价值的股票，我很可能会进一步了解资产负债表价值的现实程度——通常，负债的价值与它们在账户中的价值相符。流动资产一般可按资产负债表价值计价。对长期资产进行估值则更为棘手。

固定资产可以被视作房地产和其他资产的总和。就房地产而言，如果房产是很久以前购置的，而且没有重新估值，则可能需要进一步开展细致的工作以确定是否存在隐藏重大价值的可能。对于其他资产，我们需要了解资产和所在行业的性质。通常情况下，重置成本会显著提高，资产或许会增值；但对于一些资本品行业，重置成本可能一直在下降，资产已经低于它的账面价值。

我们很难对投资进行估值，特别是私人公司的投资（现在更常见，因为许多大型集团都有风险投资部门）。无形资产更难估值。我认为商誉只是一种会计分录，所以问题就变成资产负债表上的相关数值是否准确——资本化的软件或研发资产具有真正的价值吗？是否存在某些品牌或类似的知识产权的价值不体现在资产负债表上的情况？一般来说，我采用的规则是将账面价值视为介于清算价值和重置成本之间的某个数值。

市净率的优势在于，它的波动区间通常比其他估值倍数，如市盈率更窄。因此，相对于历史区间的可比性更好，但其有效性受到资产回报率变化的影响——如果公司的资本回报率（RoC）在下降，你就不应再支付与之前相同的市净率估值价格。

在投资期限范围内衡量价值

为了衡量估值，你可以首先分析资产价值，其次是基于当前盈利能力的价值，最后是基于现金流的价值。在考虑投资某只股票时，一个非常有用的方法是根据可预见的未来考虑今天的价值是多少，比如未来5~10年。实际上它并不是真的可预见，但你对现金流的结果最可能出现的范围以及哪部分价值可能超出合理的投资期限会有直觉。

你可以把未来10年的价值想象成未来10年收益的现金流贴现，该现金流贴现的根据是合理的增长率假设，或者是周期性公司的平均销售收入和利润率假设。它们在今天的估值中占多大比例？如果低于10%，甚至低于20%，你对公司在未来10年或20年后还能存活有多大信心？我发现当股票估值较高，而我担心自己出价过高时，这样的分析是最有帮助的。

投资倍数

另一个技巧是将目前的企业价值（EV）与过去5年的资本支出和研发投入的总和联系起来。如果在过去的研发投入中有那么几个项目赚钱了，那么暂时迷失方向的创新公司的股价可能会很便宜。

按此衡量标准偶尔会筛选出一两只超卖的，真正有价值的股票。但更常见的情况是，这只是投资人另一种获得安慰的方式，即它可能会提供一些下行保护——但如果投资人不能明智地使用自己的钱，它将只是一种幻想中的安慰。

小结

估值指标的范围相当广，但并不是所有的指标都适用于每家公司和每种情况。最重要的是，你要找到一系列你能理解并感到舒服的衡量价值方法，而不是孤立地使用单一的衡量方法。将衡量方法与股票挂钩很重要。如果公司有很多杠杆，我总会建议使用EV/EBITDA倍数和市盈率。如果有强大的资产支持，例如房地产公司，那么市净率通常是更有用的价值指南。

我一直在进行合理性检查——我在收入峰值时买的股价是历史上最高估值倍数吗？与此类似，只要有可能，我都会尝试将估值与公司产能的物理单位联系起来，并确保它是合理的——如果所有其他方法都失败了，企业价值/员工数量可以成为有效的合理性检查工具。同理，将企业的价值与其销售基础，以及其他有类似销售基础的公司估值联系起来，有时会发出危险的信号。

倍数估值技术是可以采用的，但我习惯于使用其中几种适合的方法——我通常会采用市盈率、EV/EBITDA倍数、EV/销售收入倍数以及自由现金流收益率等指标。

10

沟通投资观点

　　现在，我已经对股票进行了详尽的研究。我在分配的时间里，了解到关于这个行业、企业、管理层和股东的一切信息——股东们为什么拥有这只股票，不愿意持有的人又是什么原因。我有一整套可能与市场差别很大的详细预测，我可以很好地理解股价可能变动的范围及其相关概率。现在我要做的是撰写一份研究报告。该报告必须包含所有必要的信息，内容要清晰，但不能过长。

　　正确地传达想法是非常重要的。很多机构，当然包括所有的卖方分析师都会有一个标准的研究报告结构模式。买方分析师，尤其是规模较小的机构往往更为灵活，他们的分析师通常可以在报告中自由地添加他们喜欢的内容。我开发了自己的标准化研究报告模式，尽管内容根据投资风格和所需资金会有所不同；2500万美元的空头交易可能只需要5行字就足够，而1亿美元以上的多头交易则可能需要30页的报告——但我不会写更长的研究报告了。

　　本章列出了撰写标准研究报告和交流想法的最佳方法。我强烈推荐大家撰写研究报告，即使是私人投资者也应如此，因为如果你能自觉地把你的想法写下来，就能迫使你认真地通盘考虑潜在的投资结果。这一做法很值得你参考，特别是当事情开始出错时，你可以清楚地看出你的假设是在哪里出了错——这样就可以很好地帮助你决定是继续持有股票还是撤资走人。

10.1 标准研究报告

我的研究报告的几个组成部分与卖方分析师所采用的标准格式有很大的不同。一般来说，所有卖方分析师的研究报告的结构和内容都非常相似，但不一定能达到应有的效果。

我曾向一位广告和媒体公司的朋友展示了许多份经纪公司的研究报告；作为一名沟通专家，他对这些研究报告的糟糕程度感到震惊。即使是那些看起来不错的研究报告也只是"不那么难看"而已。我认为这不是一个好的起点。而且，我所看到的大多数内部研究报告也区别不大。

我的第一个不同点是研究报告的封面包含有投资标的的信息。我通常会给出持有标的股票的三个主要原因和一些风险。这是我多年前给我当时的老板也是我现在的好友约翰·霍姆斯（John Holmes）提出的建议。当时我提出的标的股票是BTR，给出的投资信息如下：

- BTR通过收购和做假账实现了扩张。
- 它有100亿英镑的收入（这在当时是一个很大的数字），而且收入的增长速度不会比市场快很多——如果幸运的话，可能会达到5%。
- 它的利润率已经达到行业内的前15%，因此利润率无法继续上升。
- 即将发行的认股权证将会稀释收益。
- 因此，BTR无法增长，但它的股价相对于估值存在溢价。当市场意识到它增长乏力的现实时，这个溢价将迅速缩小。

首页的内容简单且有力——要点（上面略多一点儿）是我们需要知道的全部内容，也是所有投资者真正需要了解的内容。我尝试着一直这样做。我最喜欢的卖方分析师报告的封面是一张英国航空公司市净率变化的大图。它清楚地表明，该股股价可能即将触底，就像它在前几个周期中在此处见底的情形一样，并表达出这样的信息："不用看这份研究报告，这张图就是你所需要的一切。"

因此，在封面上就要清楚地阐明你的投资思想。大多数买方公司都需要一些额外的数据，例如有关估值、流动性和相对于共识的内部预测数据等。这主要是为了确保投资组合经理能够迅速作出决定是否要翻到下一页阅读更多内容，但主要投资信息的简洁性至关重要——如果不够简单，也许你应该从头开始。

研究报告的下一页通常是介绍最近5年的历史股价走势，并对以往股价的走势进行说明。

最后一页是我的预测和所有所需的估值参数表（EV/销售收入倍数、EV/EBITDA倍数、市盈率、市净率、自由现金流收益率、股息收益率以及其他参数，具体须视情况而定）；它们是过去两年的历史数据，以及对今年和未来两年的预测数据。对第三年进行预测时需要说明对公司长期增长的一些想法。我会清楚地说明我的预测相对于卖方经纪人（希望是外部分析师！）和市场共识的相对位置。该表还包含股票行情、上市所在地和流动性数据（最后一个因素对投资规模的决策至关重要）。

在研究报告中，我对估值的评论将涉及比较和历史趋势。我通常会用曲线图给出向前推12个月的EV/销售收入倍数、EV/EBITDA倍数、市盈率预测数。我还喜欢包含一些上一章所讨论的不同的估值方法——例如，企业价值（EV）/单位产能、价值与重置成本之比、价值与过去3~5年的资本和研发支出之比。如果我的建议是投资某只股票，我通常会评论为什么市场对某股票的估值是错误的，导致它发生改变的原因可能是什么。有时，除了市场低估了该公司的增长率之外，原因可能并不明显。

研究报告还会包含在所有经纪人研究报告中常见的部分，以及在卖方研究报告中不太常见的一些特征：

• 投资主题。全面阐述投资某只股票的理由，包括可能从这项投资中赚到多少钱，可能的结果范围以及风险有哪些。还可能包括投资的风格以及是否符合现有投资组合的风格。还包括预期的投资期限，以及所有的催化剂。

· 重要的是，一系列包含了风险的投资结果，如果投资主题没有凸显出来可能会发生哪些情况。想象一下，如果你买的股票股价下跌了——这到底是怎么发生的，为什么会发生？在做空的情况下，这一点尤其重要，因为此时更难作出反应，管理亏损的空头头寸非常痛苦。

· 对投资的规模提出建议是有用的，因为它反映的是你对此次投资的信心。你想拿出全部家当下赌吗？

· 公司是做什么的？企业和行业的特点以及它们的财务回报。

· 公司的发展历程。

· 公司管理层——他们的背景，现在和过去的持股情况，以及激励计划的一些细节，包括绩效指标。

· 公司的会计政策。

· 利润预测、假设，我们与共识的不同之处及其原因；我经常会给出经纪人预测的分布情况，有时甚至是对照财务报告逐行分析。

· 现金流的历史和预测。

· 资产负债表分析以及债务、到期期限和市场价值的评估。

· 估值数据和评价。

· 可持续性评价。

· 股东和卖空股份总额。

· 卖方分析师的覆盖范围以及哪些分析师更有能力。投资组合经理可以通过阅读这些卖方分析师的研究报告来完成自己的工作。

· 已完成的尽职调查——我所完成的工作的细节，我所忽略的工作（以及为什么）和我想做的下一步工作。

· 我还喜欢附上一篇《经济学人》上关于该公司的文章或一篇来自商业媒体的文章。如果没有其他参考资料，必要时，我还会摘录一段卖方分析师的研究报告内容。这样做的目的是提供一个公正、客观的视角。人很容易执着于自己的想法，并给出不那么平衡的观点；使用外部资料可以确保同事们不会被你的观点所迷惑。

任何研究报告的长度都不应该超过30页。显然，研究报告的长度取决于你使用了多少图表，以及是否需要使用这些图表来作出解释，通常投资组合经理需要足够多的细节来理解企业的业务和投资主张。在任何情况下，研究报告都是下一步更加详细讨论的序曲。虽然说，如果研究报告足够有说服力，投资组合经理无须和分析师会面也可以开始建仓，但通常会先建一个底仓。

一些私人投资者看到这里，可能会对用这种方式撰写研究报告的想法失去兴趣。2019年夏天，在我撰写这本书之前的一次培训课上，我与一群私人投资者进行了一次有趣的讨论，他们对我建议自己写研究报告感到震惊。但在我解释这将帮助他们避免行为陷阱之后，他们都同意尝试一下。我承认，并非所有的个人投资我都会这么做，但是当我这么做的时候，就会少犯一些错误。

10.2 价格目标

很多卖方公司都会使用价格目标，但我认为在实践中将目标价格设定在当前价格的20%之上（在卖方公司中很常见），然后不断提高，是相当浪费精力的。

最好的准则是设定一个现实的目标，无须参考今天的股价。最好是给出预测结果的范围，如该公司的核心情况是：没有收购，年营收增长7%，未来两年利润率提高50个基点，在未来18~24个月股价应该上涨60%。但如果他们购买的是XYZ公司，那么同期目标股价将比现在高出20%。但风险是：如果有新的进入者，股价将会下跌20%。作为一名特殊情况的投资者，我通常会在市场平稳的情况下关注那些两年内涨幅超过50%的股票。

给出多种结果的一个重要好处是，首先可以根据不同的情形分配概率，其次对这些概率进行加权，最后得出预期结果。如果下跌的风险非常大，即使概率很低，也会拉低预期收益，这样做有助于确保投资合适的头寸规模——购买股票时，假设最好的结果会出现是很自然的过程，但通过分配概率来观察预期的结果有助于阻止你热情过度。

你需要明白的是，你无法控制股价上涨的时机，这一点非常重要。市场可能需要很长时间来认识到发生的潜在变化并重估某只股票——一旦结果交付现金已经产生，就很难争辩。显然，包含预测设计和内在估值的表格有助于为股价可能的发展勾勒出一幅简单的图景。

我的价格/估值目标通常采取这样一种表述：我们预计股价将在未来18个月内以本土市场两年后的平均市盈率溢价10%的价格交易；如果市场本身在这段时间内如预期那样增长10%~15%，那么它的市盈率将达到23倍。用相对价值来描述是有用的。同时，如果这是一只在亚洲某个小型新兴市场上市的股票，而基金经理有一段时间没有关注过这个市场，那么解释一下市场前景可能会有帮助。

我通常会在研究报告中附上关于投资规模的建议，尽管这是由经理们决定的。提供一个置信度是很有帮助的——如果基金经理已经委派给你这项工作，因此他需要了解你是愿意孤注一掷呢，还是仍有不确定事件需要解决。希望这能帮助你避免我曾经遇到的情况，当时我收到通知说我的奖金将取决于我推荐的一家公司IPO的结果——幸运的是，该股上市后股价上涨了。

我喜欢采用绝对价格目标和估值目标，但我真正关注的是收益和现金流，而非估值倍数。分析师们做的事情通常是相反的，尽管要预测市场将赋予收益流多少现值是极其困难的，但我认为你可以对收益预测更有信心。我总是意识到，即使我对盈利前景的预测是正确的，我对这只股票的预测也可能是错误的——市场可能不相信盈利改善的可持续性，这只股票可能只是简单地被低估了。这些可能性必须从股票分析伊始就考虑进来。

10.3 概率

行为经济学认为，赚取巨额回报的前景极具诱惑力——看看比特币的成功就知道了。我不做机会不大的事情，我只关注那些我认为上涨概率高、下跌风险有限的股票。如上文所述，在研究报告中确定上涨和下跌的可能性是有用的做法，这能让你保持理性，不至于被某个想法冲昏头脑——如果你有几周的时间潜心研究，同时认定这是一个好主意，其实是很容易做到的。

在构思本书时，我发现了凯利标准（Kelly criterion），它为校准个人投资提供了一个很好的指引：投资的规模应该更多地受到成功概率而非预期收益的影响。私人投资者往往会被高的潜在回报所吸引而低估其相对较低的概率，但只有高收益搭配高概率才能更加有利可图。同样地，在预测股价时用区间估计而非点估计是很好的方法，因为这样更容易刻画股价的风险特征。

10.4 资产组合的匹配度

投资组合的风格和匹配是非常重要的，因为它们会影响投资规模的决策。这不仅涉及风格，还包括地理、行业、经济风险敞口和投资期限等因素。例如，如果这只是另一种全球消费必需品股票，而我们的投资组合里已经有很多类似股票，那么我将在分析中纳入许多可比较股票的估值数据，这些股票可能会替换现有的持股。如果这是价值型投资组合中的另一只价值股，我必须解释为什么它会对现有投资组合产生积极的影响。同样地，地理、部门和经济风险敞口因素也是如此。

10.5 催化剂

在我看来，投资期限和潜在催化剂的地位被高估了——有时候，催化剂是显而易见的，比如竞争对手首次公开募股，但通常你并不知道市场需要多长时间才能意识到这个机会。这是一个经典的心理学游戏——就像凯恩斯的选美竞赛理论一样——它实际上是一个猜谜游戏。

然而，当我参加2017年佐恩伦敦投资创意大赛（Sohn London Investment Idea Competition）时，主办方要求参赛者列出潜在的催化剂名单。由于我当时研究的主要是与电动汽车的增长和最终向自动驾驶汽车的过渡有关，我把"维谋（Waymo）公司将在2018年第一季度发布其自动驾驶体验新证据"作为可能的催化剂例子。我此前曾经听到过这样的传言，我知道它比同行的汽车行驶距离更远，且未发生过任何事故，这种消息的发布将鼓励市场更早确认自动驾驶汽车的来临。

直到我撰写本书时，维谋公司还没有发表任何此类声明。我的所有评论都可能是真实的，但这是卖方分析师粉饰故事的经典伎俩，而不是客观的评价。

也许当时我说"维谋公司公布这些统计数据是潜在的催化剂之一"可能更好（尽管我赢得那场竞赛的可能性也更小），但他们之前从未公布过这些数据，也有很好的理由不去这么做。这是一种更准确且不那么情绪化的表述，如果这是一份对冲基金公司的内部报告，我也许就这么写了。

10.6 同行评议/讨论

曾经在一家基金公司，要求我们把自己的研究报告分发给其他分析师。我们的分析师不多，每个人写的研究报告也不多，所以，这并不像听起来那么麻烦。在一个正常运作的团队里，这是一条很好的纪律，因为每个人都在关注影响股票的可能问题。如果在写研究报告之前讨论一下这只股票，效果会更好。

讨论问题是非常有益的。有时候，我甚至不需要对话或辩论，只要大声复述我自己的观点就足以说服自己相信或不相信某项投资或投资主题的优点。这就是为什么我认为每周和你的同事出去吃一次午餐是不错的主意的原因。这在一个小团队中非常有效；我们享受彼此的陪伴，虽然不能保证全员参与每周的午餐（我们经常旅行），但这是一个很好的方式，我们可以交流对市场的看法，坚定对投资主题和个人思想的看法。

在规模较大或不善社交的团队中，请同事抽出15分钟喝杯咖啡，厘清投资假设，可能会非常有帮助。私人投资者也是如此——

和朋友一边喝咖啡一边讨论的时间总是值得花的。

10.7 最终评估和作出决定

现在到了作出买入或做空决定的时刻了。有时，估值实在过高，于是会决定把这只股票列入观察名单，希望它的股价会回落；在心里记下可能导致这种回落的可能原因是有用的。但最终的评估应该包含如下内容。

- 有哪些风险？它们出现的概率有多大？
- 是否存在偏离设定值的不利情况？你会赔钱吗？概率是多少？
- 与投资组合中的其他股票相比，这只股票有多吸引人？它的加入对投资组合是否存在不利影响？
- 持有这只股票的预期时间范围是多久？有什么积极或消极的催化剂事件需要我们注意？
- 这只股票在投资组合中的权重应该是多少？应该逐步加仓吗？

最后，重要的是一开始就要确定正确的卖出价格，以及可能会改变这一价格水平的因素。我通常用倍数表示卖出股价——比如，"是我对2019年该公司盈利预测的18倍"——认识到我对公司盈利预测可能不准确，退出投资必须基于实际收益。但通过制订一个事先准备好的退出计划，投资者就可以减少爱上这只股票的风险。当股价达到这个水平却还想持有这只股票时则必须有合理的理由，同时再设定一个新的退出价格水平。这对私人投资者来说是很好的纪律约束。

在我提出建议或买进/卖出某只股票之前，我要好好思考一下这个投资想法。重要的是，要在心态良好时而非感到疲劳（或倒时差）时作出决定。偶尔，先买入再进行研究也是允许的，但重要的是不要养成这样的习惯——特别是要避免在这样做的时候还过度自信。遵守纪律很重要——如果它根本就不是一只好股票，再多的沉没时间也不会让股价上涨。

如果有必要，如果我觉得不舒服，或者有一种担忧萦绕在心头，我甚至会把这个想法搁置一个星期，或者搁置到我出差回来，甚至是度假回来之后，再重新考虑它。

要知道，即使我有一个十分出色的、经过充分研究的想法和一份出色的报告，我仍然无法以接近100%的成功率说服我的老板落实每一个投资想法。

这可能是因为我的推荐记录并不完美。我曾经向我的老板推荐过一只股票，但一开始并没有被他纳入投资组合。这只股票表现不错，我以为我们永远不会再研究它了，所以我把它从我的观察名单上删除了。几周后，老板问我是否认为这只股票还可以投资，在不知道当时股价的情况下——这是一个非常危险的行为，但那会儿我是新手，又不想承认这一点——我回答说它的基本面仍然乐观。那天晚上他买了大量头寸，恰好是在股价最高的时候，结果该股在接下来的几个月里下跌了40%。

这个故事的寓意是，看起来愚蠢总比赔钱好。此外，把你关注过的股票放在你的自选股清单上一段时间是有好处的。当然，一旦作出了决定并建立了仓位，这只是工作的开始。

小结

把你的想法写下来是一项很好的训练。当我把一切都记在纸上时，风险、回报和可能性就变得更加清晰了。当事情没有按照计划进行时，拥有一份关于你预期事件如何展开的图谱是非常有用的，因为你可以更理性地判断潜在的风险/回报，而不必拘泥于你的初衷。这对于确保你能够在适当的时间止损至关重要——在某种程度上，止损管理是一项比挑选好股票更重要的技能。这将我们引向维护投资组合的话题，我将在下一章中讨论。

11

维护投资组合

　　监测好你所拥有的股票是确保投资组合表现的重中之重。这似乎是显而易见的，但分析师可能更愿意在新股票上投入大量时间，却损害了核心利益。投资者需要每天关注新闻，因为经济因素通常不会对突然的变化作出即刻反应，而是在一段较长时间内发出信号。熟悉这些变化是有必要的。

　　下一章将从宏观角度分析企业外部世界正在发生的事情以及市场看待这些事情的态度。宏观方程式的另一半不同于外部经济环境发生的变化，它是公司内部发生的变化，以及公司如何与市场沟通。

　　因此，本章将着眼于公司和市场之间的直接互动，同时监测市场对公司的态度如何随着时间的推移而发展。这些直接的互动包括：

· 如何处理与公司的互动，包括公司会议、分析师会议和投资者日，以及对收购事项的评估

· 监测财务公告

· 财务电子表格

· 使用技术分析

· 当事情出错的时候，想一想该如何应对，当然他们经常会出错

11.1 与公司互动

分析师与公司互动的方式有很多，可以是面对面的会议，也可以是间接地阅读和分析公司公告。在本节中，我将逐一讨论。

财务报告的结果

财务报告的公告季是分析师们最忙的时候，随着报告频率的增加，你好像永远得不到平静和安宁，也没有足够多的思考时间。我写这一章的时候是1月的第一周，此时很多零售商都在报告他们在圣诞节期间的业绩。他们在圣诞季结束后很快就开始公告，因此对于哪些内容可能会被报道出来，我们获取情报的时间很有限。

大多数美国公司（以及越来越多的欧洲和亚洲公司）每季度都会发布财报，而每两年发布财报的公司通常会在该季度结束后立即发布财报。因此，每年四次是最短的重要财务报告公布的时间。一些长期投资者视这些季报为"噪音"——其中一位投资者告诉我他们根本就不看季度数据。这位投资者所在的基金公司的表现非常出色，我永远不会批评成功的方法，但我会将每个报告点视作额外的信息，它能够帮我改进对公司未来盈利能力的估计，并最终确定公司的价值。

投资公司的业绩很重要，做好准备是关键。现在的报表篇幅往往长达30~70页，所以，你需要知道在所有关键的财务参数中你所要找寻的目标，并随时开始行动。有时候，我们可以在市场开盘后立即进行，只要你有时间消化数据并进行决策——卖出多少取决于股价走得有多远。更常见的情况是，某个部门的利润率为什么下降了，因此有必要从管理层那里了解造成这一结果的原因，可以是在会议/电话会议上咨询管理层，也可以在会后的私人电话中进行询问。

作为分析师，如果一组业绩让你感到失望，即使它们与共识一致，也可能成为你减仓的理由。我们对基金自己头寸的了解远远领先于市场。如果结果未能达到我们的预期值，我们可能会按照一组高于共识的结果调减当天的仓位。

我现在更喜欢等到第二天再来总结我的观点，但以往我通常会在开市前、开市后，或在电话会议之中或之后开始交易。令人惊讶的是，财务总监经常会在电话中说一些让你产生抛出股票的想法的话。通常情况下，你无法一次卖出太多股票，但作为对冲基金，你们按照投资组合业绩的20%收取管理费，所以，投资团队清楚地知道每一美元都很重要。

在我看来，成功达成结果的关键是做好准备，因此，我发现拥有自己的模式非常有帮助。这使我能够快速校准（实际结果与预期结果之间的）差额，并识别任何"有趣的"信息，同时优化我的预测。

阅读季度、中期和年报

对于许多投资者和大多数卖方分析师而言，季度盈利报告的发布和电话会议是他们关注的唯一焦点。美国公司还被要求向美国证交会提交10-Q报告（季度版的年报），该报告会晚一点儿发布，通常会包含一些有用的额外信息。同样地，所有公司都被要求在初步结果统计出来后提交一份年度报告，我会详细阅读这份报告。

根据表11.1，如果每个季报需要分析师半天的时间来处理的话，那么美国分析师必须把大部分时间花在担心财务结果上。欧洲分析师则更容易脱身。我认为这个时间估计有点儿乐观了——例如，我处理账户的时间就要长得多。

表11.1　　　　　　　　　　分析股票所花费的时间

项目	季报	中报	销售表	8-K报告	账户	总计
每家公司公告数	4	2	2	3	1	
所需时间（小时）	4	4	2	4	8	
20家公司						
美国分析师	80			60	20	

续表

项目	季报	中报	销售表	8-K报告	账户	总计
美国分析师所花费时间	320			240	160	720
欧盟/其他分析师		40	40		20	
欧盟/其他分析师所花费时间		160	80		160	400

资料来源："读懂资产负债表"（Behind the Balance Sheet）的估计数据。

我通常会把每年的会计政策报表下载到Word文档里，以便分析差异；我会使用"审阅版本"功能来比较两个文档的不同之处。彭博社和辉盛（FactSet）都有红线功能，互联网上还有其他免费工具可以为美国公司的报表实现这一功能，它们使用的是机器可读的格式。这可以帮助我们节省时间。

对美国证券委员会季度报告中的风险因素或在盈利报告发布时对前瞻性陈述这么做也可以提供一些启示。比如，2018年初，在马克·扎克伯格（Mark Zuckerberg）被参议员传唤出庭后，俄罗斯对美国大选结果的影响引起了轩然大波，脸书修改了前瞻性陈述中的措辞，增加了产品风险方面的内容，"维护和增强我们的品牌和声誉；我们正在进行的安全、保障和内容审查工作……诉讼和政府调查"。如果他们没有这样做，这可能意味着他们没有足够认真地对待这一问题。

这是相当隐晦的事情，但随着人工智能变得越来越广泛使用，我想这类分析将成为常态。我相信，许多量化分析师和规模较大的基本面对冲基金已经在这么做了。

报告日期

在阅读报告之前，检查一下报告的日期总是有用的，但检查一下是星期几也有用——如果某家公司总是在周二发布报告，突然改成了周五，那么可能会有一些麻烦等在前面。

上市公司发布报告的时间呈高度偏态分布。如果（一家上市公司——译者注）想隐藏报告结果并减少分析师的覆盖率，周四是最好的选择，其次是周三。实际上最佳报告日期是周二，因为此时的报告覆盖率最好：投资者的关注度最高，可能在第二天有时间阅读报告（尽管他们可能不会费心去这么做）（见图11.1）。

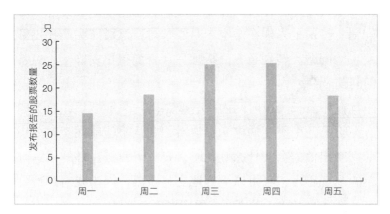

图11.1　欧洲股票按日发布公告的平均数

资料来源："读懂资产负债表"。

我认识的一位交易员认为，周二在市场上是奇怪的一天，经常会看到周一趋势的逆转。我随后发现的证据证明我的交易员朋友是错的，周二实际上是市场上最精彩的一天！这说明市场参与者很多时候都是迷信的。星期二是最好的一天这件事本身是人们喜欢炫耀的那些随机事实之一，但不太可能有多大帮助。

伯克希尔·哈撒韦（Berkshire Hathaway）公司一般会在周五交易结束后发布报告，这样就使分析师们有时间进行适当的分析；这可能不是一种普遍的做法，但对长期股东来说是最好的。令我感到有些惊讶的是，这一做法没有其他支持者——尽管这确实意味着分析师们将度过一个忙碌的周末。

分析师会议

如果现实可行且头寸足够重要，我更愿意参加分析师会议。通常情况下，所有的卖方分析师都会提出问题，你只需要走进房间就能评估出大家的情绪，甚至不用看结果。这就是我更乐于亲自参会的原因，因为我可以更好地感受到与会者（至少是卖方分析师）的情绪和倾向。

显然，这并不适用于每一家公司，地理位置是最简单的原因——例如，大多数美国公司只开电话会议。但是，如果可能的话，最好亲自参加。作为卖方分析师，我比较擅长提出一些令人尴尬的问题。特别是当你在做空一只股票时，这可能会凸显出管理层不愿发现的问题。转到买方分析师后，我变得更安静了，更喜欢在私下问问题。

当我在相当长一段时间内持有或跟踪一只股票后，我会非常了解它。在听了几个季度的电话会议后，我几乎能够在卖方分析师提问之前判断出他们会问什么。此时，我觉得我真正理解了这只股票和普遍的市场心理，我可以更好地交易股票，因为我对股价可能的走向有了更好的直觉，对底部或顶部也更有感觉。

资本市场日

我认为，在某些市场上，强制性地要求公司每两年甚至每一年举办一次资本市场日的趋势越来越明显。在我做卖方分析师的时候，资本市场日提供了一个可以去不错的地方进行一日游的很好借口，在晚餐后与竞争对手喝上几杯，这些人中有些人十分友好。买方分析师的生活则显得严肃一些，现在这些事件都是经过精心编排的。

资本市场日也经常会网络直播，所以你不必亲自前往也很有帮助，因为你可以"参加"你本可能会错过的会议——为了了解阿斯达（Asda）超市的情况，我在舒适的办公桌上观看了沃尔玛投资者日的直播，因为当时我们正在研究英国的超市；我对坐飞机提不起兴趣，但是我很开心能从我的日程中抽出几个小时参加网络会议。对于重要的投资来说，亲自出席会议更为可取。

对于资本市场日来说，在路上旅行总是比到达目的地有意思（过程重于结果）——股价也在期待这一事件，公司不得不讲出点儿特别的故事来让人们感到兴奋，从而推动股价上升。参会人数也是一个不错的反向指标：过于受欢迎的资本市场日可能意味着市场上缺乏未听说过这个故事的新买家。

我发现这些会议是认识行业联系人的绝佳平台。我第一次参加乐购资本市场日时，他们邀请了一些顶级供应商，而我在天空（Sky）投资者日上遇到了一家大型会计师事务所的媒体专家。其他好处包括你可以接触到食物链下游的员工。尽管他们通常对每一个可能的问题都准备好了正确答案，而且通常是最聪明的毕业生，或者是中层级别管理者中的佼佼者，所以他们可能并不完全具有代表性。乐购有一场资本市场日非常引人注目，因为他们都是真人，包括那个迟到了几分钟的物业管理员（我们在他们的总部，但我们提前到了）。

同时，我们还有机会得到一件像样的赠品——尽管我妻子坚持不让我再带垃圾回家，因为她再也无法忍受太阳能收音机、带集成耳机的棒球帽、闹钟兼气压计了。对于所有读到这篇文章的投资者关系从业者来说，我想说我最喜欢的是背面防水的野餐垫，它甚至得到了我妻子的认可。

公司之行

公司行在某种程度上类似于资本市场日，但持续的时间更长，人们可以更加详细地了解公司的实际运营情况。餐后畅饮是一门多年来我一直在完善的艺术，但启蒙我的是伟大的丹·怀特（Dan White），他当时是头号交通行业分析师。我们在阿伯丁机场（Aberdeen Airport）的假日酒店度过了参观英国机场管理局后的第一个夜晚，丹对晚餐和之后在休息室和酒吧的饮品摄入量并不满意。

酒吧打烊后，他坚持要我陪他喝睡前酒，还点了一瓶威士忌；当店员反对说他们只卖迷你瓶装酒时，丹不慌不忙地点了约等于一瓶酒的迷你瓶装酒（想想装满了迷你酒瓶的早餐托盘）。

当我开始在伦敦金融城工作时，那些年纪稍大的分析师真的很会喝酒。在我工作几周后，排名第一的工程分析师、"盒子"项目的负责人皮特·戴顿（Pete Deighton）带我和另一位新手出去吃午饭。他点了一瓶红葡萄酒和三个烤牛肉三明治。当我们喝完这瓶酒后，我感觉已经喝好了准备返回我的办公桌；他又点了一瓶，进而又要了第三瓶——这在20世纪80年代是很常见的。

作为一名分析师，我曾享用过一些美妙的晚餐——欧洲隧道公司的开幕式令人难忘——还有一些甘醇的酒，例如，与瀚仕（Hays）招聘公司的创始人罗尼·弗罗斯特（Ronnie Frost）一起喝过的酒。罗尼是个传奇人物，经常和他在法国南部的游艇船长通电话，经常从他那辆注册号为REF 55的由司机驾驶的宾利车里出来。在巴黎的一个下午，参观完一家公司之后我们俩喝得酩酊大醉。其他分析师已经回英国了，但我留在巴黎去见一些法国客户。真是醉翁之意不在酒的最好说明。

美食并不总是亮点。我曾经参观过一家南非公司在欧洲的子公司，这家公司是我们投资的一家公司的竞争对手。我的飞机降落时已经很晚了，然后我前往杜塞尔多夫老城（gastronomic）的餐厅和大家见面。公司管理层选择了一家专门做猪肉的餐厅，我刚好赶上吃第一道菜——当我问那是什么菜时，总经理自豪地解释说那是生猪肉。好吧……

你必须质疑他们的判断力。更糟糕的是，其中一位来自纽约的投资者是犹太人，她拒绝吃猪肉，而那位南非分析师是素食主义者，但出于被误导的责任感，她吃了她的食物。那可能是我最糟糕的就餐经历，尽管当我在弗莱明斯（Flemings）招待几位客户吃午餐时，我也感到同样尴尬，因为当天唯一的主菜是动物肝脏。

作为卖方分析师，我与英奇凯普（Inchcape）公司走得非常近，当他们决定在中国香港举办投资者日时，我并没有被打动。它们的产品进入了新兴市场，而香港是一个关键的利润中心。我们在英奇凯普总部开始资本市场日的访问，为了节省时间，他们立即决定乘坐货机直飞停车场。

这是一个相当大的团体，但货机不是最大的，也没有空调，因为我们很快就发现它坏了。不幸的是，他们花了一个多小时才把我们从那里拖出来，当然，天气很热，我们都很痛苦——就像在日本高峰期挤地铁，只不过这里没有空调。

那时候，英奇凯普在分析师来访方面运气并不好。第二年，我们去南美待了一周。这是一次有趣的旅行，但当我们在智利的一个葡萄园参观时，亚洲金融危机爆发了。英奇凯普作为在东南亚的第一家英国上市公司，股价暴跌。人们对这次旅行的明信片都不太感兴趣。

与管理层对话

参与管理层召开的私人会议，甚至与其他投资者的小组会议，都非常有帮助。在与一家公司开会之前，你做的准备工作越多，尤其是介绍性会议，你能从会议中收获的就越多。20世纪90年代，我转换了自己的角色成为一名企业集团分析师。在第一次与汤姆金斯（Tomkins）的财务总监会面时，我准备了一大堆详细的要点和问题；我的努力给他留下了深刻的印象，他叫来了首席执行官格雷格·哈钦斯（Greg Hutchings），当时他是那个大企业集团时代的明星之一。（正如几乎所有此类收购欲很强的公司一样，它们后来也陷入了困境。）

详细的准备是对管理层的尊重，他们会更认真地对待你，更努力地回答你的问题。有趣的是，一长串准备好的问题通常不一定会为你带来深刻的见解——真正的见解来自那些即兴的问题，通常是追问的问题。最好的问题是针对管理层的回应你问他"你为什么这么说？"——像这样开放式的问题通常会让你深入了解他们的真实想法，而非管理层（尤其是美国公司的管理层）乐于提供的油腔滑调和事先准备好的金句。

安东尼·波顿（Anthony Bolton）在他的《安东尼·波顿的成功投资》（*Investing Against the Tide*）一书中建议为公司会议准备一份清单，目的是了解与其特许经营实力、竞争地位等相关的经济护城河的质量。这可能是一种有效的方法，但是，作为一名分析师，我宁愿事先就仔细地完成有关工作。

相比之下，在经纪人会议上，我可能只想寻找一些灵感，或是确定这家公司、公司的供应商或客户，抑或它所在的行业是否值得我投入更多严肃的研究工作。有时候我几乎不做任何准备就去参加与某公司管理层的首次会面，尤其是在我非常想去调研的两家公司之间的约定时间间隙。这些会议通常是集体会议，除非没什么人想要与管理层见面。

在与管理层开会之前，我通常会先浏览一下该公司的股票，它的业绩记录和估值，并尝试了解该公司的业务。我以前也出过错，有一次我本想去拜访库柏工业集团（Cooper Industries）公司，这家公司后来被伊顿（Eaton）公司收购。但我最终见到的是一家同名的医疗保健公司［实际上它的名字是库珀公司（Cooper Companies）］——那是一次相当尴尬的、一对一的会面，我并不认为我现在完全脱离了无知。多年来，我参加过数百次（倘若不是数千次的话）公司会议，所以，弄错一次公司可能并不是那么糟糕的结果。

一个非常重要的技巧是观察公司管理人的肢体语言。大多数大公司的首席执行官和首席财务官都是高度政治化的动物，他们非常习惯于歪曲事实以迎合听众。不过他们偶尔也会给你一个信号，或者你可以发现主席台上糟糕的化学反应。在一家公司的首次公开募股会议上，创始人/首席执行官显然不喜欢他的首席财务官，因为他的肢体语言非常糟糕；在整个一小时的会议中，他们没有看对方一眼。但这种情况并不会对股价产生任何影响。

一家美国经纪商过去常常根据请求参会的投资者数量衡量这些公司会议的排名——我曾经很喜欢去见那些没人感兴趣的公司，如果它们无人问津，好像失去了市场的青睐，股价就会更低。事实上，出席会议的人数可以很好地指示后续的股价走势——我在经纪人会议记录中，总会写下对出席人数的评论；如果是年度会议，参会人数相对于历史的趋势会更有帮助。如果通过这种方式发现投资者过度热情，我就找到了清空头寸或做空的理由。

最好的会议是那些你持有股票很长一段时间的公司，你很了解管理层，并与其保持着建设性、温暖和积极的关系。一旦你赢得了他们的信任，你就可以和他们进行非常有趣的讨论，谈谈企业战略以及他们应该如何应对挑战。这些是我最喜欢的会议。

曲线球

当一个小组会议集中讨论影响下个季度收益的因素时，我经常会试图转移话题——让我们先把下个季度的问题放在一边，谈谈你对公司未来5年的展望，畅想一下你对公司未来10~15年的愿景。为在5年内实现自己的目标制定一个远景和计划是很有帮助的。关注短期结果的会议通常不会特别有帮助，因为公司通常对透露内部信息相当谨慎。

我有时会试着提一些不同的问题，以便更好地发现公司首席执行官真正的动力是什么，而不给他说出事先准备好的答案的机会——优秀的首席执行官应该自己问过这些问题。

谈论激励机制可能很有启发性——"你们公司的激励机制是什么？有没有什么是你想要改变的？你们是否愿意为中层管理人员或员工提供不一样的激励措施？"

"你是否认为有哪些公司对你们构成了威胁，但大多数投资者可能还不曾意识到？"这个问题可能揭示公司的进入门槛并没有你想象的那么高。

一个非常好的难以回答的问题是"是什么让你夜不能寐？"。如果没什么让他夜不能寐，首席执行官可能会显得很轻浮，而答案往往也很能说明问题。

"你们公司文化中最重要的属性是什么？"这个问题有时会引出发人深省的答案。

"你还崇拜哪些首席执行官？"这可能是一个非常发人深省的问题，除非首席执行官回答的是沃伦·巴菲特——这通常很难让人反驳。

"如果你是我，你会问什么问题而我刚好漏掉了？"这是一个很好的结束问题。你经常会听到一些陈词滥调，说你已经做得很好，但有时一个诚实的首席执行官会告诉你一些重要的事情。

我对首次公开募股路演团队的开场戏是先快速浏览一下幻灯

片，其次把它放一边，最后打断他们的介绍——"你们能先解释一下为什么想要我们的资金以及为什么我们应该提供给你们吗？"这个无伤大雅的问题可能会让大量的首席执行官陷入窘境。

脱离剧本有时可以产生一些有趣的事情。一家首次公开募股的印度公司的董事长是创始人的儿子，他显然对公司业务知之甚少。当我问他剧本之外的问题时，他完全懵了，而经验丰富的首席执行官（以及庞大的支持团队）拒绝说任何话，大概是因为他们更害怕让自己的老板丢脸，而不是促进问题的解决。这种迫使公司管理层放弃剧本、回答真实问题的技巧非常有效。非常成功的私人股权投资从业者乔恩·莫尔顿（Jon Moulton）告诉我，他也在使用同样的方法。

查理·芒格（Charlie Munger）的逆向思维方法可以帮助我们找到管理层不愿透露的问题的答案。当我见到森茨伯里（Sainsbury）公司的投资者关系团队时，由于担心他们的物业估值，以及以运营租赁形式存在的表外债务，我很自然地询问他们关于物业估值的问题。这事应该发生在2014年左右，此后情况真的变得非常糟糕。正如我有时会像在私人会议上做的那样，我提出与我的立场或意图相反的问题。我请他们坚定地基于4.7%的收益率为自己的超市估值进行辩护。

会议稍后，我问他们应该用多少倍数来评估经营租赁的潜在资本价值——我暗示说某位经纪人可能使用7~8倍，但如果正确的利率上限是4.7%，那么正确的倍数必须是21倍。（顺便提一句，多年来我仍然被经营租赁资本化的问题所困扰。不幸的是，新会计准则IFRS16将此类租赁并入资产负债表内，但是并没有像人们所希望的那样清楚地阐明这一问题。）

这种沟通策略通常是有效的——直接提出让管理层很难逃避的问题，尽管他们有时会怀有戒备之心。提出一个积极的问题，然后围绕着责任重新构建该问题，可以帮助打开他的另一面。另一个策略是问非常开放的问题或问非常开放的后续问题；我总是在问后续问题之前适当拖延时间，在不同的问题之间留出令人不适的空隙。

对方通常会提供一个原本不打算提供的，非常有启发性的附加材料。这样的会议是获得投资优势的一种方式，尽管公司永远不会给你内部信息，但对他们态度上的洞察可能会为你带来一些启发。

一个很好的例子是，有一次我与华尔街大型投行的分析师一起与威望迪（Vivendi）集团公司的管理团队共进早餐——这是一支狡猾的团队。分析师对他们的管理团队说，我们知道法国电视四台（Canal Plus）[①]的业绩表现比你们所承认的要优秀得多，你们将在第一季度发布利好消息。你可以从威望迪管理团队对这个问题的反应中学到很多东西；他们可能：

1. 缄默不语；

2. 微笑着说他们不予置评；

3. 低调一点，说"我们从来没有说过它的业绩很好"；或者谨慎一点，说"它需要一些时间来扭转局势"。

这三种结果之间的差异对下一个季度的展望和该时间段内的股价具有重要意义；这也是一个说明投资者是如何对管理团队回避问题感到不快的好例子。

有时候，即使是组织得再好的问题，公司的回应也是无用的。苏威集团（Solvay）公司管理层在2017年的一个大型投行经纪人会议上面向一小群分析师（大概10名对冲基金公司的分析师）做展示。他们告诉这群分析师他们是多么自律，因为他们十分关注现金流和回报。他们用一张幻灯片展示了如何利用霍尔特（HOLT）方法计算现金流投资回报率（相当专业，与本文无关）；我问他，为什么这些数字加起来好像不对——分部门收益的计算值明显高于集团平均值。

当时有两位投资者关系团队的成员在场，他们都无法回答这个简单的问题；他们的第一反应是这些数字是正确的，但我对计算作出了解释，然后，在场的其他人也同意我的看法。投资者关系团队

---

① 威望迪集团公司有两大业务：环境公共事业和传媒通信。其中传媒通信业务又包括影视、出版、音乐、电信和网络。法国电视四台是其子公司，与英国的天空电视台（BskyB）和德国的卫视一台（DF1）并列为欧洲三大卫星付费电视台。——译者注

同意稍后给我一个解释，但几个月过去了都没有再联系我。我当时正在做的一些归档工作让我得以继续跟进该公司。终于，有人来告诉我说在总部的生产线里有一堆非生产性资产。这是发人深省的，因为它意味着：

1. 在公司的总部可能有一些非生产性资产可以出售，例如房地产。

2. 该公司试图模糊真实的数据以便提高评级；它搁置低回报的资产或投资，如对中心流水线新业务发展的投资，因此拉平了公司分部门的业绩。这可不是什么积极的信号。

3. 该公司投资者关系团队缺乏对财务驱动因素的基本理解。

然而，我们从中得出的关键结论是，我们必须将数据与公布的财务报表进行核对，这非常重要。这绝对是一条黄金法则。

与上市公司管理层会面是我研究工作过程中必不可少的一部分。我这样做并不是因为我自认为我是管理能力的杰出评判者——恰恰相反，事实上，我认为猎头才是擅长对人才进行评判的人，而我一无用处——但我能对一个人有相当好的印象，能判断他们是否能让我赚钱，偶尔还能听到一些趣闻，这或多或少能让我对投资感到安心。不与管理层会面意味着牺牲这些机会。只有当你认为与管理层见面可能会损害你作出理性决策时（例如发布盈利预警时），才应该遵循不见面原则。在这一点上，我不同意特里·史密斯（Terry Smith）的观点，我认为定期会见上市公司管理层有助于我们发现战略偏差，并提供股票潜在退出的预兆。

11.2 评估收购

正如彼得·德鲁克（Peter Drucker）所指出的那样，并购交易比枯燥的日常工作有趣多了。很多首席执行官都喜欢收购，这可能是增加股东价值的好方法——尽管通常情况下恰恰相反。收购的原因多种多样，在价值积累方面也存在明显的差异：

成本协同效应

这是唯一最好的理由，也是最有可能成功的。例如，收购竞争对手并消除后台成本，同时整合夫妻店，可能是一个非常成功的模式，就像步朗德（Brenntag）和DCC等欧洲公司所做的那样。

私人公司的市盈率很低，风险有限，产生的实际回报可能极具吸引力。这种性质的小交易甚至不需要公布，这是风险最低/回报最高的组合。

请注意，我通常对连环收购者持谨慎态度，因为随着收购带来的营运资金效益的实现，这些企业的经营性现金被夸大了——被收购公司的负债天数和存货减少了，营运资金得到了释放，现金流也增加了，这使得公司运营看起来比实际更能产生现金。

收入协同效应

这种情况也有可能发生，但它们往往更难以捉摸，并可能成为一个令人失望的策略。这在行业整合中尤其如此。在产业整合中，客户通常会希望找到替代供应商，从而引起收入非协同效应。

地域多元化或产业多元化

新的区域或行业通常需要一定时间去了解，无论这种并购是警示的信号，还是成功的例子都很难证明。地域多元化偶尔会成功，通常是在行业和客户基础相对同质的时候才比较容易成功。产业多元化非常困难。我在20世纪90年代关注了英国企业集团板块，并对收购业务产生了一种健康的怀疑态度。奇怪的例外是乔克·米勒（Jock Miller）和伊恩·罗珀（Ian Roper）公司旗下的梅尔罗斯（Melrose）和沃萨尔（Wassall）。

廉价的交易

这种情况的并购的确存在，但通常需要卖家有动机，这是我们应该关注的领域。

尽管收购通常会提升每股收益，并受到市场欢迎，但这也是股东重新审视投资假设的一个信号。例外的情况是该公司是小型企业的连环收购方，且交易规模相对较小，或者是拥有良好记录的专业收购者，如梅尔罗斯［对他们来说，收购吉凯恩（GKN）只是一笔非常小的交易］。

11.3 电子数据表

信不信由你，当我开始在伦敦金融城工作时，分析师们并不使用电子数据表。我知道如何操作个人计算机，但我遭遇到的是猜疑而不是敬畏！

我记得我的前同事马克·库萨克（Mark Cusack）当时是头号企业集团分析师。1986年，他为汉森（Hanson）收购帝国烟草集团公司（Imperial Tobacco）的交易编制了一套非常复杂而痛苦的转换计算表（包括现金、现金和股票、股票和可转换期权）；他的计算是用铅笔在一张A4风景纸上完成的，然后进行复印，再分发到销售柜台上（毫无疑问，传真到金融城各处）。我提议自己替他做这件事——我说我只需要十分钟——但他宁愿花几个小时在计算器上手工计算，因为他不信任个人计算机（也许他也不信任我）。

然而，我对电子数据表高手也抱有疑虑，因为他们将每个假设都调整成一个最终数字。有趣的是，几年前，一家石油巨头对其顶级分析师编制的电子数据表进行了审计——所有分析师的数据表都有错误，有的错误还很严重。

在我看来，使用电子数据表进行投资分析要遵循几个简单的规则：

· 简单化，如果电子数据表过于复杂，你便无法对其进行审核，你会把时间浪费在寻求虚假的正确答案上。

· 协调资产负债表的期初和期末数据。

· 整合损益表、现金流量表和资产负债表。

· 使用标准化的科目和标题，特别是现金流。这样便于比较，不寻常或奇怪的科目应该被归类到"其他"项下——通常有单独的分隔符。

• 不要使用现金流贴现模型为公司估值——正如我在其他地方讨论的那样，它们对假设的微小变化过于敏感。实际上，我只是用它来了解不同因素的估值敏感性，或者亏损企业的估值敏感性。

显而易见，电子表格是分析师的宝贵工具，我无法想象没有电子表格的生活——在过去，制药分析师利用滑尺计算药品的销量！但我确实认为成为电子表格的奴隶是危险的，我总是尝试使用我的合理性检查，从而确保我得到一个大致准确的答案。

11.4 技术分析

技术分析包含对股价走势图的分析。基本面分析师经常对技术分析师持批评态度，技术分析师是一群饱受指责的人。我认识的一位对冲基金经理就对一位杰出的技术分析师——理查德·克罗斯利（Richard Crossley）——持有高度的怀疑，理查德在几年前不幸去世了。他曾经是一名销售人员，他能出色地描述市场情绪是如何在不同股票和行业趋势中得到表达的。但这位经理强烈反对为"画弯弯曲曲的线"付费。

克罗斯利表现得非常出色，他的一些同事今天仍然在针对市场的定性趋势给出定量的描述。我个人并不太在意这些图表背后的"科学"，但理查德和他的同行教给我两个简单的前提，从而让图表与我相关：

• 创12个月新高的股票在短期内更有可能跑赢大盘，而非跑输大盘（创新低的股票则相反）。

• 当股票趋势发生变化时，这是一个重要的信号，投资者应该检查是否一切正常。

图表可以帮助你了解一只股票在其市场周期中的位置。当我在一家经纪公司工作时，我们被要求在一只股票的5年相对价格图表下面写一篇评论，时至今日，我仍然遵循这一做法。这个简单的规则能够确保分析师理解股票此前上涨或下跌的原因；这些知识对理解它未来可能的轨迹有很大帮助。我相信，制作一张这样的图表同时理解它以前的周期，对于首次关注某只股票的投资者而言是无价的帮助。

理查德·克罗斯利（Richard Crossley）特别关注新兴行业（而非市场）股价的相对高点或低点，以及像银行和食品零售这些相对同质化的行业。这是一个表明情况正在变好或变糟的指标。

观察哪些股票正在创出新高和新低是一项日常维护工作——我不需要每天都这么做，但是我需要保持关注。它可以告诉你市场的心理。我更喜欢在全球范围内做这件工作，同时密切关注美国市场的动向，因为欧洲市场会跟进美国市场。新兴市场的个股走势可能不那么重要，尽管像韩国和中国台湾等出口导向型经济体的市场走势是反映潜在宏观趋势的可靠信号。当然，在某些行业（例如集装箱航运），领先的地位要由更大范围，如子部门下的亚洲公司的股票来设定，它可以为欧洲的马士基（Maersk）集团公司提供参考。

举例而言，泰森（Tyson）公司股价相对于美国市场的股价图显示（图11.2），该股票在2019年8月达到52周的相对高点，在2018年4月达到52周的相对低点，比18个月前的低点更低。

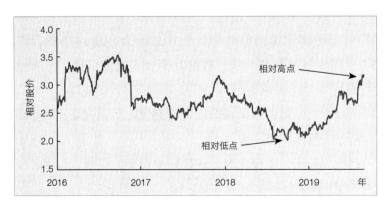

图11.2　泰森公司相对股价图

资料来源："读懂资产负债表"（Behind the Balance Sheet）森提奥数据库（Sentieo Data）。

　　我还喜欢看成交量的变化——伴随高成交量的趋势变化，或者带量的新高均比低成交量更有价值。成交量高于平均水平可能是一只股票或一个行业即将改变走势的早期信号。

　　我的技术分析师朋友，更是我的老朋友和前同事，在雷德本（Redburn）公司工作的尼克·格莱登（Nick Glydon）说，要在12个月的相对高点买入，在12个月的相对低点卖出，这可能过于简单了。我认为，相对价格走势图绝对是包含丰富信息量的，而且配以行业相对走势和对成交量的评估，都是有用的。

量化研究

　　与技术分析相关的是定量研究或"量化"，它描述的是使用量化规则挑选股票。我采用量化分析的方式和技术研究是一样的，可以帮助我确定需要关注的领域，或者帮助我进行仓位调整。

　　量化研究着眼于具有特定主题或风格的一篮子股票，并解释不同因素是如何推动近期市场表现的。量化研究的股票篮子因公司和分析师不同而不同，举几个例子：

- 深度价值股票（市净率、市盈率、市盈率与平均值的偏离等）
- 成长股（收入的增长，有时是盈利能力的增长）
- 优质股票（通常使用某种形式的回报率标准，可能叠加波动率标准）
- 动量股票（正在上涨的股票，偶尔也含有上涨的估计）
- 风险股票（那些具有高波动性或高贝塔值的股票）
- 股息/收入股票（高收益股票或不断增长型股票）
- 小盘股/大盘股

　　一些对冲基金，值得关注的是马弗里克资本公司（Maverick Capital），会利用定量规则来限制其潜在的投资范围。马弗里克资本公司的创始人李·安斯利（Lee Ainslie）是"猛虎幼崽"基金经理［指那些曾为对冲基金界大师朱利安·罗伯逊（Julian Robertson）工作过的基金经理］之一。他在我参加的一次伦敦会议上指出，在基本面择股基础上叠加定量化纪律是很有帮助的，因为这种做法可以帮我们远离那些不赚钱的股票，并增加对其他股票的信心。他是我听到的第一个支持这些原则的基本面分析师，我认为这很有道理。

我在计算机屏幕上筛选各种投资想法，通过量化和技术分析了解目前吸引市场的有哪些股票，反感的又是哪些股票。使用这些工具有助于将股票分类为特定的风格，这不但有助于识别潜在的投资机会，而且有助于了解股票最终被纳入投资组合时的风险因素。

在阅读量化研究时，我主要关注两件事：

1. 这些组合篮子或风格的股票表现如何？市场是否在寻找增长和动量股，换句话说，市场是否处在一个风险环境中，或者优质股和大盘股的表现是否优于防御性市场环境？

2. 哪些股票在哪个篮子里？偶尔会有这样的情况，即一只意想不到的股票出现在一个优质篮子或价值型篮子里。不寻常类别的股票通常是我感兴趣的。

然后，量化研究经常会讨论各种不同的因素是如何表现的。同样地，这些因素可能因分析师的不同而异，但最常见的因素有：

- 估值：历史和当前的估值、EV/EBITDA，市盈率，EV/销售收入等；
- 增长：每股利润、自由现金流、净资产收益率、EBITDA等；
- 比率：毛利率、净利率、EBITDA收益率、自由现金流/资产等；
- 波动性：每股利润五年波动性、多期贝塔值、价格波动率等；
- 惯性：1个月/3个月/6个月/12个月的价格和收益率等；
- 股息：一年股息增长率、股息修正值、预期收益率等；
- 其他：每股利润修正值、股份回购等。

影响因素的数目惊人，而同时盯太多因素会令人非常困惑。因此，我主要关注当前的表现——它是增长型股票还是股息收入型股票？在增长型股票中，哪些是表现最佳的因素？我还特别喜欢观察一些因素的表现，比如回购股票的公司，因为这有助于我们理解市场心理。

股票回购是全球金融危机后低增长世界，尤其是美国市场的一种特殊现象（尽管显然不是专有的）。回购股票的美国公司一直是市场上最大的买家之一，这毫无疑问提振了股价以及市场的表现。

在我看来，对每股收益的修正是股价变化的一个关键驱动因素，技术分析显示了哪些股票的上升幅度最大。我喜欢将盈利升级与股价表现进行比较。一家经纪公司每月出具一份150页的全球最大股票报告，并根据行业和市场进行象限分析，在一个轴上显示盈利上升，在另一个轴上显示股价表现——它可以很容易地看出哪些股票的相对上调滞后了（是潜在买入机会），哪些股票已经上涨了（是潜在做空机会）。对许多类型的分析而言，这种散点图以数据可视化形式呈现，特别适用于对因素和股价表现之间的比较分析。

我发现在试图理解当前市场心理方面定量研究最有帮助——随着时间的推移，便宜的股票通常比贵的股票表现得更好，高质量的股票胜过低质量的股票，盈利上调的股票总是胜过盈利下降的股票等。但是，为了了解今天的价格里包含了哪些信息，我试图了解现在的市场情绪——观察不同风格和不同因素的表现是实现这一目的的便捷方法。

担心你所拥有的

对投资者和分析师而言，时间管理是一项必不可少的技能，在构建了投资组合之后，最重要的任务就是监测你的资产。警惕可能出现的麻烦并在它发生之前解决是最有可能增加业绩的单一练习。分析师会经常陷入这样的陷阱：他们本应该优先维护已有的东西，但是，他们总是在寻找下一个伟大的想法。定期的审查过程是有帮助的。

审查过程

事情总是在变化中，大多数投资组合都有必要逐步淘汰输家，寻找新的赢家。过去在基金公司的时候，我们经常对投资组合进行定期审查，并正式地评估对每一个股票的信心，至少每个月开一次会，对交易柜台的审查频率还要更高。当然，像沃伦·巴菲特或特里·史密斯这样的投资者为自己极少改变投资组合而感到自豪，但对于大多数投资者，尤其是对冲基金和那些投资期限较短的客户来说，定期评估自己持有的每只股票的信心是纪律。

这是一个艰难的过程，不可避免地会有一些股票被淘汰，有时是有特定的目标价格（当价格达到某个值时就出售），有时是为了给更好的投资机会腾地。通常情况下，新股票最初只是很小的仓位，例如1%，然后随着信念越来越坚定，或随着相对价格的变化，风险敞口随着时间的推移而逐渐增加。

这本书的重点是分析，但投资组合经理定期检查自己的投资头寸有助于评估投资组合中不同组成部分的相对吸引力，也有助于根据情况调整头寸的规模——有趣的是，我很少看到有关这个纪律约束的文章，但它是投资组合业绩表现的一个重要因素，它如同在第一时间选择正确的股票一样重要。

认识到自己的错误并止损可能是投资组合经理必须具备的最困难的技能。承认错误并继续前进是很有必要的——没有谁能把每件事情都做对，重要的是明天会发生什么，而不是昨天发生了什么。然而，尽管我们都知道这一点，但行为金融学告诉我们人类对损失的厌恶根深蒂固，难以摆脱——"让我们持有它并希望它上涨"是私人投资者的普遍态度，但却不利于提高我们的投资表现。

我此前的一位老板就非常精通此道——他能够及时止损，他虽然从来不会因为犯错而斥责别人，但会因为错失良机而生气。我的另一位同事在股价下跌5%后会变得非常情绪化，这让他很难与人共事。

当一只股票的走势对你不利时，有必要重新检查投资该股的假设，并确保这些假设仍然有效；如果假设仍然有效，股价下跌的原因也很清楚，那么继续买入以拉低持仓成本可能是正确的选择，但许多基金经理不会这么做。如上文所述，这对做空者来说尤其困难。

然而，有时你就是不知道为什么股价的走势对你不利。这种情况只在我身上发生过一次，但这确实表明你并没有掌控一切。这就像发光的紧急出口标志一样清晰明了。我还将在本章的最后讨论这个问题。

11.5 当事情变糟时

当投资出现问题时，投资组合经理通常会更深入地参与其中。我曾与一些对市场感觉非常敏锐的基金公司的项目经理共事，他们对市场上的股票走势非常熟悉，往往会持续满仓或获利，并且与资金的流入保持同步。但当事情出错时，我发现它对我是一种情绪上的挑战，此时必须遵循规定好的路线。

我发现这是我工作中最困难的部分，但拥有处理错误的能力至关重要。我认识的一家财富管理公司的项目经理真的需要这方面的帮助，因为它给他的办公室同事带来了很大的压力。当我为他提供投资组合建议时，我自己作出增加/减少投资的决定——尽管我当时管理的是非常集中的投资组合，这在一定程度上是由我个人的风险承受能力所决定的。我密切关注那些能拉低成本同时适当降低利润的机会。

像保罗·都铎·琼斯（Paul Tudor Jones）这样的交易员就声称，你永远不应该去拉低持仓成本——"亏损股平均下来还是亏损股"——这与巴菲特的哲学正好相反，巴菲特的哲学认为，你在10美元的时候喜欢的股票，那么在5美元的时候你就应该双倍地喜欢它。但实际上，预测一只股票的长期底部是极其困难的，特别是当你是一只希望配置1亿美元或更多资金的大型基金的时候尤其如此。

当然，只有当你的预测是对的，你才应该低价买入以摊薄成本。但如果你判断错了，你就会损失更多的钱。问题是，这很难判断，特别是当股价的走势对你不利而且你感受到压力的时候——在我的经验中，这两者是同时存在的。每个案例的情况都不一样，但我认为是否应该拉低平均持仓成本的判断原则与当预测出错时是否削减空头头寸的原则应该是一样的。

当你已经持有较多的空头头寸，空头的增加会让你继续增仓变得加倍困难。要做到这一点，你需要更多的信念，你需要进行更多的研究，并确保你完全了解买家的心理。我认为同样的原则也适用于多头。

我的一般原则是，如果某只股票相较于购买价格（即最初的购买或推荐价格）下跌了20%，我就有必要重新审视当初的假设，确保这些假设条件并未发生任何变化，我也没有错过什么。对一家基金来说，10%的下跌就需要进行深入的评估。（旁白：我不相信从业人员能够将一只股票的预测价值精确到5%，尽管许多交易员都声称自己拥有这种能力。）

当事情出错时，我遵循以下简单的原则：

1. 当股价回撤20%或更多的时候，在跟进买入以拉低平均价之前要重新测试原先的假设，并写下后续投资跟踪笔记确认最初的投资主题是否还合适，同时解释股票变动的原因；如果你不知道它为什么会变动，那就更难买更多股票了。

2. 坚持原来的风险暴露限度——所以，如果原本风险暴露限度是头寸的5%，而现在已经达到4%的头寸，即使继续下跌25%达到3%的头寸——我仍然只会再增加1%的头寸，除非绝对清楚下跌的理由，并且信心水平大幅提升。

3. 下行风险评估。如果这是一只非常稳定的多头股票——没有过多的如诉讼或监管干预等或有负债，且债务水平适中——那么，重大损失的风险就降低了，多买一些该股股票的风险也低。但是，如果遇到高风险的情况，那进一步亏损的可能性也会更高，我花费更多资金去冒险的意愿就会降低。

4. 如果是空头，拉高平均价格则会困难得多；我们将遵循与多头相同的做法，但此时我通常会与其他基金的朋友进行沟通。如果他们也相信这个想法，可能也会参与做空并拉高均价，此时就不会那么难受了。我最糟糕的经历是我曾经花了几周的时间做研究，其间我不但要对我的老板负责，还要对纽约一家大型激进型对冲基金的"二把手"负责，他会在晚上打电话到我家里。我们最终获得了30%不错的回报，而他们赚得更多。

5. 如果某只股票处于行业相对低点，此时我不会去拉低平均价格。有可能是你的投资主题是正确的，这个行业的利润率也在相互影响，但你选错了股票。那么，通过购买同一板块的其他股票来增加你的权重可能更加明智。如果我没有足够的信心，我也会尝试培养我的耐心，避免在杠杆情况下增加风险敞口，因为此时探测股价底部变得更加困难。

重新检验假设的概念并不是那么简单的事情。我记得有两次，我不得不在一只股票出现大幅调整后，长途跋涉去见公司管理层，但他们对调整的原因也并不完全理解。还有一次，我飞到纽约去见不同的经纪人，在去见那家公司和它的主要竞争对手的路上，出租车司机没有找到我下榻的酒店；那的确是漫长的一天！

更糟糕的一次是我们在印度的投资出现了失误。这是一家抵押贷款金融公司，该公司一直在筹措新股本，这在很大程度上违背了我老板的意愿，但他仍然相信这家公司讲的故事。但是股价一直在下跌，于是我们决定必须派人去看看这家公司。在此之前，我必须承认这是一项非常成功的投资——在印度从事抵押贷款融资的公司全都面临着巨大的增长机会。

我和几个同事飞到孟买去检查到底哪里出了问题。公司的首席执行官非常热心地把他的办公室借给我们用，但门总是开着的，一位秘书大部分时间都在盯着我们。我们发现有一些危险的信号：

• 不巧的是，公司创始人因为紧急事务被叫去了德里。他们没有说明具体原因，他的缺席显然是个问题——毕竟我们是从伦敦飞来的，是公司最大的股东之一。

• 我要求参观其中一家分行，这样我们就可以观察抵押贷款的启动环节，并跟踪整个流程。但是公司首席执行官认为这不是一个好主意，因为孟买最近的分行离这里也很远，不便打扰他们的员工。

• 首席执行官的肢体语言也完全不对。他开着他那辆大奔驰轿车载我们去吃午饭。奔驰车在印度是一大笔钱。所以，当他自称非常低调，专注于做生意时，让人觉得他开着如此昂贵的豪华轿车多少有些不对劲。

• 我们遇到了一位中层经理，他负责一家新成立的子公司，他们对这家子公司有着雄心勃勃的计划。

• 再者，我们参观了一个房地产开发项目，这是公司的非核心业务。它是一幢非常昂贵的公寓楼，看起来更像伦敦的顶级开发项目。

我对该公司股票的投资感到一点儿都不舒服，但我得不到任何确凿的事实——我找不到任何数据支持我们退出，但我们也没有足够的信心去增加头寸。考虑到头寸的规模，特别是相对于股票的交易量，我们被困住了——我对这个头寸感到非常不舒服，特别是我们与管理团队的关系。幸运的是，随着时间的推移，我的这种感觉逐渐消失了。

错误

关于我的错误，我本可以写一整本书，但有两个原因阻止我这么做：一是我在对冲基金的工作受到保密协议的约束；二是试图忘记自己的错误是人类的天性。作为一名分析师或基金经理需要对自己的能力有一定程度的信心。讽刺的是，记住你的错误并把它们放在脑海里才能帮助你避免重蹈覆辙。

我简要地讨论一下我在不受保密协议限制的时期所犯的两个错误：一个是"就吃吧"（Just Eat）公司，另一个是奥卡多（Ocado）公司[①]。

我对"就吃吧"一无所知，只知道他们曾以8亿美元收购了澳大利亚的一家同类公司。这家澳大利亚公司是亏损的，收入很有限，估值也完全不合常理——它代表澳大利亚的每个男人、女人和孩子人均40美元，这可以为你买到大量的广告和免费优惠券。我曾经与勃朗特资本公司（Bronte Capital）的约翰·汉普顿（John Hempton）探讨过这个问题，我们一致认为这是一个荒谬的价格——我们得出的结论是，这家公司的管理层则失去了理智（倘若他们曾

---

① Just Eat是发家于丹麦的外卖订购网站，现已在全球多个国家开展业务。Ocado 则是英国最大的线上超市，售卖生鲜、食品、洗浴、家居、玩具和医药产品 等。——译者注

经拥有过理智的话）。我觉得约翰可能持有小规模的空头头寸（见图11.3）。

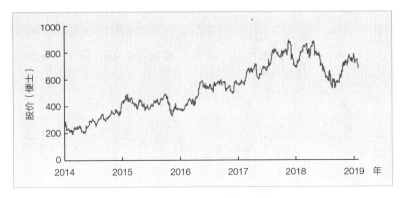

图11.3　Just Eat公司股价

资料来源："读懂资产负债表"（Behind the Balance Sheet）森提奥数据库（Sentieo Data）。

该股一开始有所回落，但随后大幅上涨。由此可见，2015年6月对澳大利亚公司的高价收购几乎没有带来什么影响。

我曾经考虑过用对冲基金去购买它，但我过不去它收购澳大利亚公司的那道坎。几年后，我与格雷厄姆·克拉普（Graham Clapp）交谈。克拉普曾在富达工作，是一位极为成功的基金经理，后来经营着自己的对冲基金彭萨托资本（Pensato Capital）。他向我解释道，他之所以买"就吃吧"的股票，是因为公司管理层告诉他，他们收购了北安普顿或类似小城镇的主要竞争对手。一旦这个竞争对手的市场地位稳定下来，他们就不能把它赶走。这个故事帮忙解释了澳大利亚那笔交易的市场影响。

在2010年代中期，我差点儿推荐了奥卡多公司（Ocado）。这只股票被严重做空，所有人都讨厌它，但管理层解释说，他们正在组建一家科技公司，很快就会把他们的自动化仓库和食品配送技术售卖给世界各地的超市。这是一个市场拒绝相信可信的管理团队讲的故事的罕见案例……我认为这是一个非常有趣的机会，我花费了很多时间研究奥卡多。

不幸的是，这家公司的财务账户让公司看起来像是在赔钱。事实上，它的确是在亏损，但我们没有办法了解这些损失中有多少是由于对业务和技术的投资，有多少是因为它的交易业务不盈利。我与看好该股的丹·亚伯拉罕斯（Dan Abrahams）交谈，他是一位非常聪明的投资者，但我还是无法从这些数字中得到任何安慰。我参加分析师会议，询问公司的（非执行）董事长斯图尔特·罗斯爵士（Sir Stuart Rose）——他承认，这是一家很难估值的公司，他似乎也不够兴奋。

我要求参观仓库，想看看是否能对他们的技术做出判断。我参观了哈特菲尔德（Hatfeld），也没留下什么印象。我要求去参观他们最新的仓库，因为那里有他们最新的技术，他们说我需要在早上4点半去，这一时间不是很方便。当我同意这么早去参观时，他们又说要给予现有股东优先权。这并没有缓解我的担忧。

我继续花费时间研究他们的数据，同时与卖方分析师和其他投资者交谈，我见了财务总监，看他讲了几次话，但我陷入了某种僵局——要买这只股票，我需要完全相信它。最后，我收到了公司邀请参加首席执行官与分析师的午餐会。首席执行官却迟到了，而且他回答问题的方式非常谨慎，实际上，他根本就没有回答问题。

因此，我有一个想法，如果管理层讲的都是真话，股价可能是非常便宜。但他们有一系列令人失望的记录：未能履行他们承诺的海外合同；据我所知，他们的数据不合预期，管理层却回避问题，不提供帮助。最终，我没买这只股票。当然，随后发生的事情就是他们宣布了一项与克罗格公司（Kroger）合作的协议[1]，导致股价飙升（见图11.4）。

---

[1] Kroger（克罗格）是美国最大的超市运营商。该协议可能是指2018年11月Ocado与Kroger合作计划在美国中部俄亥俄州辛辛那提市建设20座高科技全自动化仓库。——译者注

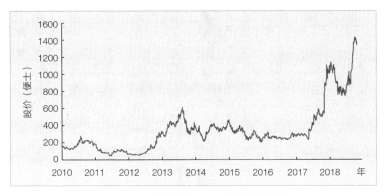

图11.4 奥卡多（Ocado）公司股价

资料来源："读懂资产负债表"（Behind the Balance Sheet）森提奥数据库（Sentieo Data）。

甚至，情况可能会更糟——我可能会像许多对冲基金那样做空该公司股票。唯一救了我的是，当时我手头已经有大量空头，公司管理层似乎对他们自己的故事深信不疑，尽管他们的态度让我感到不舒服。

小结

对资产组合进行维护是分析师工作的重要内容，也是有效的资产组合管理的核心。除非你对每天发生的事情了如指掌，否则很容易在某个早晨发现你所持有的股票的前景发生了重大变化——世界变化的速度比以往任何时候都要快，需要大量的时间管理资产组合。

许多专业投资者每天都试图以一种全新的眼光看待自己的投资组合，重新评估每只股票的吸引力，就像他们在当天早上才买入它们一样——定期（如果不是每天的话）评估你是否愿意持有同样的股票是一项非常棒的训练，即使是私人投资者也应该如此。许多对冲基金每月都会正式地检查一遍整个投资组合，而对个人投资组合来说，每季度检查一次可能是较为合理的频次。

12

宏观经济分析

很多投资者花费大量的时间担心市场的总体估值。比如，我的一个财富管理客户此前常常在每月的投资委员会上投入很多时间担心今年以来的市场表现、利率前景和市场可能的发展方向。

这些都不应该是投资者花时间和精力担心，值得做的最有效的事情！

本章将回顾为什么投资者应该更多地关注公司而不是经济因素。话虽如此，宏观环境虽然很难进行预测，但它是股市的巨大推动力，这一点不容忽视。因此，我先讨论根据宏观知识来推断股票的前景有多么困难。然后，我将解释为什么我认为微观经济因素（例如，石油价格等商品的走势）是更需要我们投入时间和精力的关键领域。（我用"宏观"描述整个经济更广泛的趋势，用"微观"描述一个行业、单个商品或经济的其他部分的趋势。）

此外，我将解释为什么政治不像人们想象的那么重要，至少它对于你的投资组合来说是这样。在此之前，我会讨论周期、经济和其他因素。最后以我经常使用和监测的一些经济因素做总结。

12.1 宏观经济变量

虽然我不是宏观分析师，但我认为对趋势的大体方向有一个概念，同时对我们在周期中的位置有一些了解是非常重要的。我试图观察主要经济体的重要变量，并了解它们是在加速还是在放缓。

我会尽量使我的讨论保持简单。例如，中国是世界第二大经济体，西方很少有人完全理解中国到底发生了什么。许多投资者花了太多的时间和精力担心美国或德国产出的微小变化，而这些细微变化远没有中国正在发生的情况显著，中国的容错率要大得多。中国经济增长是快是慢，这个因素的重要性几乎超过了其他任何因素。

根据我的经验，对股票投资组合影响最大的宏观因素是外汇或汇率变动。它们也非常难弄明白。

其次重要的是石油价格和一般商品价格。这些因素对确定企业利润至关重要。但不幸的是，这些因素也不可能得到一致和准确的预测。人们花费大量时间辩论（或许不应该如此）的因素是利率。

汇率

汇率的波动往往为股票投资提供了非常好的机会，特别是对出口公司或具有复杂货币风险的公司，如航空公司。美元走强等汇率波动会带来一些赚钱机会，例子包括：

1. 购买宝马或类似的欧洲出口公司的股票，因为这是提高盈利的机会。

2. 出售欧洲或亚洲航空公司的股票，因为它们的美元成本（燃料、飞机折旧和租赁成本）可能大于它们从跨大西洋或跨太平洋航线获得的美元收入。

3. 购买与美国生产商竞争的出口商的股票，例如空客，其成本结构主要以欧元为基础，但以美元计价。

几年前，一家备受尊敬的基金决定出售空客（Airbus）的股票，因为其积压订单中有很大一部分来自新兴市场的低成本航空公司，这些国家的货币与美元不挂钩。他们的假设是，随着成本的上升，航空公司将被迫取消飞机订单，迫使它们提高飞机票价，这会抑制需求。我向该基金指出，这一点远不如空客每卖出一架新飞机就能锁定更高利润这一事实重要。我曾经持续多年看好空客的股票。

石油价格

石油是一切商品的投入品。在2017年的一次会议上，我在电梯里遇到了雀巢公司（Nestlé）首席财务官，在这次简短的聊天中，他提到了公司面临的大宗商品成本挑战：

- 咖啡
- 石油价格，是该公司的水务部门投入PET[①]塑料瓶制作的成本
- 牛奶

这是一家以盈利稳定著称的消费品公司，其主要产出是食品和饮料产品，其首席财务官提到了石油对塑料成本的间接影响。这很好地说明了油价对多个行业的直接和间接影响。关注油价总是很重要的，虽然我们几乎不可能准确预测油价。

利率

许多投资者花了太多时间担心利率是否会上升以及何时上升。在2015年的每一场月度投资会议上，一位财富管理客户总会讨论美联储将于何时加息的话题。在那年初的1月，我指出这是浪费时间，因为：

1. 我们不知道美联储何时会加息；
2. 美联储自己大概也不清楚何时会加息；
3. 这对市场不会产生什么影响，因为这是历史上最明显的一次加息，因此很可能已经完全被市场消化了。

到了8月，他们仍在进行同样的辩论，但是相比于1月，他们并

---

① PET是一种塑料材料，学名是"聚对苯二甲酸乙二酯"，俗称"涤纶树脂"。——译者注

未更接近正确答案。这是一个非常常见的错误——关注那些会影响你的投资表现的问题才是至关重要的。

了解你需要担心什么，具体什么时候需要担心，可以帮助我们节省很多精力。实际上，前几次加息通常不会对股市的走势产生太大影响，因为股市在第一次加息后会继续上涨，且在此后相当长一段时间都是如此。如果一个投资组合在第一次加息前没有进行防御性的配置，尤其是在每次加息25个基点的情况下，它就不会大幅下跌，因此我怀疑这类问题是否值得人们担心。

GMO资产管理公司的詹姆斯·蒙泰尔（James Montier）认为，利率实际上对实体经济没有太大影响。这可能是一个相当极端的立场，但我无法确定利率治愈通胀的传统智慧是否正确。在美国这样的高负债消费社会，加息意味着人们的可支配收入减少，但加息通常出现在失业率下降、人们可以争取加薪或跳槽的情况下。由于利率成本影响着抵押贷款、信用卡和汽车贷款，它们可能是可支配收入的一大推动因素，当利率上升时，人们可能会觉得他们有必要要求获得更高的工资。这是反通货膨胀吗？

举例而言，2007年，一部分人可能已经明白，押注美国消费者的杠杆过高是一个好主意。更常见的情况是，全局可能会令人惊讶地复杂。比如，我付出了相当多的时间在脑海中讨论人口老龄化对通货膨胀的影响。

人们可能认为这样的问题应该有一个明确的答案，但我读过一些有说服力的文章，从两个方面都有论证。有一些人认为，这会造成通货膨胀，因为工人越来越少，他们要求的工资越来越高，导致通货膨胀螺旋式上升；但是另一些人认为这会导致通货紧缩，因为人们的消费和储蓄都下降了。

人工智能等技术发展的影响可能会盖过这种理论上的争论。我尝试从长期角度去理解这些问题和双方的观点，即使有时不可能得出一个明确的结论。

12.2 为什么宏观分析有问题

监控宏观事件甚至比关注股票的难度还大。这其中包含了很多变量，有人将其与国际象棋进行比较。在国际象棋中，每名棋手走两步后，有72084种走法组合；每名棋手走四步后，有超过2880亿种前景。全球市场和经济比国际象棋复杂得多，因此难度更大。

美国大选民调专家、权威人士内特·希尔（Nate Silver）在其著作《信号与噪音》（*The Signal and the Noise*）中指出，美国第一季度GDP报告的误差幅度可能在±4.3%的范围。这一数字高于报道的数字，但投资者仍然非常关注GDP数据。考虑到这是一个向后看的数字，报告的时间非常晚，而你已经知道了你所持有股票的公司的季度业绩，我不明白为什么股票投资者认为GDP数据如此重要。

如果说从宏观角度分析过去是困难的，那么想象一下，预测未来会是多么困难。数以百计的专家预测未来一两年的GDP增长，以及数以百计的其他变量，但他们取得成功的概率相当有限，依赖他们是比较危险的。好消息是，正如我将要解释的那样，你不必这么做——对宏观的基本理解就有助于规划你的投资路线，你不需要做更多。

12.3 我的宏观视角

我会紧跟经济发展的趋势，特别关注汇率的前景。虽然很难猜对，但对单个公司的盈利能力和股票表现至关重要。在评估宏观图景时，我试图记住三条规则：

使用数据

我每月都会监测多个数据点——采购经理人指数、汽车销量、新屋开工数、各种交通统计数据（从铁路载客量到机场乘客增长）、电力生产和消费，以及平均收入和失业数据，这些都是我特别感兴趣的领域。政府的数据通常不太可靠，需要稍后进行修订，而机场乘客人数和集装箱进口是事实类数据，通常不需要进行修订。

不要听专家的话

在伦敦金融城和纽约华尔街有大量的专业经济学家。他们在基于当前情况进行预测方面是合理的，但在预测衰退方面通常是无用的，而萧条是对宏观经济感到担忧的主要原因。经济评论员更擅长侃侃而谈，而不是为你赚钱，所以最好避开他们。

还有很多免费的宏观分析——有一些很好的博主，甚至推特（Twitter）上也有人会很有帮助——但很多都是共识或错误的。曾任职于格拉斯金·谢夫（Gluskin Shef）投资公司的大卫·罗森伯格（David Rosenberg）是个明显的例外。我还喜欢盛宝银行（Saxo Bank）的斯蒂恩·雅各布森（Steen Jakobsen），他的预测经常很疯狂。

假设万事皆周期

我们注意到在20世纪90年代和21世纪头10年，可能算一个非常长的经济周期，但它们总会结束。这是一个安全的有用假设。我会在下文花更多笔墨讨论周期这一话题。

常识和观察将给出对处于周期中的位置的合理看法。例如，如果我想给英国经济把脉，我就会观察我所住街道上有多少房子有脚手架——与之前的周期峰值相比，这一数量是相同、更多还是更少了？同样地，数一数起重机的数量也会有所帮助。

以上引用的数据将很好地反映出经济是在增长、加速还是放缓。部门数据公布得更早，也更准确，比那些更大口径，更常用的经济指标更好用。我发现交通统计数据尤其有用，因为该行业往往处于经济的前沿——通常情况下，航空交通增长放缓要先于经济下行。例如，在英国，伦敦—爱丁堡空中交通统计数据一直是经济健康状况的可靠指标。

12.4 宏观与微观

我怀疑投资者经常浪费太多时间担心经济的细枝末节——GDP增长的实际水平、今年加息的次数等。

经济增长的方向——以及它的二阶导数，即增长是在放缓还是在加速——是关键变量，但对经济活动的估计只需要大致正确就可以为股票的选择提供正确框架。即使在资产配置方面也是如此，比如只做多的股票投资组合所需的现金水平，或者对冲基金投资组合中关键的总敞口和净敞口。

理解宏观经济分析框架对于确定你想要避免或投资的领域是最有帮助的。例如，我可能会寻求投资某些领域/主题/地理位置的股票，而避免其他类型的股票。比如说当经济看起来很健康的时候我喜欢投资美国；当利率在很长一段时间内处于低位，经济恰好处于周期之中，我预估当经济放缓时政府会增加支出以支撑经济，此时我可能会投资基础设施股票。

在低增长的世界里，销量的增长可能不足以推动营收增长，进而提高利润率，尤其是在通缩的环境下，此时我可能会寻找那些拥有定价权的公司。由此搭建的投资组合可能会让我选择，比如像美国建筑材料生产商之一——火神材料（Vulcan Materials）公司的股票。

12.5 聚焦股票，而非宏观

因此，我的个人观点是，担心投资组合中股票的估值要比担心市场水平或宏观经济数据，如GDP增长率，重要得多。

特里·史密斯（Terry Smith）在2016年致方德史密斯（Fundsmith）基金投资者的信中称他不会关注宏观因素。在那封信中，他列出了2017年可能影响公司和市场的一系列因素——英国脱欧、中国、印度"去货币化"、法国总统大选、德国大选、利率、韩国、特朗普、欧洲央行的量化宽松政策、叙利亚以及石油价格。

史密斯指出，即使你能猜出其中任何一个或所有事件的结果，也可能对你没有太大帮助。他谈道："为了有效地运用你的预测能力，你不但要作出大体正确的预测，而且为了预测市场的反应，你还需要估计市场的反应。祝你好运。"

想象一下，如果有人在2016年1月1日标准普尔指数在1926点的时候告诉你，在接下来的12个月里，人们会担心全球超过10万亿美元的政府债券收益率为负；日本央行将把政府债券收益率定为0%；英国将进行脱欧公投；唐纳德·特朗普将当选为美国总统。你会期待标准普尔500指数上涨近13%吗？

如果有人告诉你，在2016年2月中旬中国通缩恐慌中期，标准普尔指数在1829点，你会怎么想？你会期望它从低点上涨近20%吗？

2016年初，在一场为对冲基金经纪人举办的晚宴上，在经历了很长一段时间以来最糟糕的开年走势之后，仅有一名参与者主动表示市场在年底的点位会比年初更高。有趣的是，他没有在对冲基金工作，而是一名只做多的投资者。

同样，在新兴市场，假设你在2016年初就知道市场对中国第一季度的经济增长将出现巨大恐慌，油价和大宗商品都将崩盘，巴西和韩国总统都将被弹劾，土耳其将在这一年发生未遂政变，你会期望新兴市场成为全球表现最好的地区，并以两位数的速度增长吗？在新兴市场，还有许多其他周期性领域和行业，只要消息是从糟糕变成非常糟糕，股价就会出现大幅上涨。

大多数专家认为希拉里会赢得2016年美国总统大选——实际上，我没有发现任何一位传统的预测人士觉得特朗普会胜选。我的一名前同事指出，即使你已经准确预测到英国脱欧和特朗普的票数，你也可能无法得出正确的结论。大多数专家认为特朗普当选总统后股市会下跌，但股市却飙升了。事实很清楚，在英国时间上午9点特朗普发表完获胜感言后，至少在一开始的这段时间，他的胜选受到市场的欢迎。

一些股票经理声称对宏观环境不感兴趣，这完全可以理解。然而，我不相信您可以完全忽略宏观因素。你需要对经济前景有一个看法，以便规划你的投资组合，寻找最有利的投资领域。

12.6 周期

理解宏观的一个关键内容是观察周期，霍华德·马克斯（Howard Marks）说得很好，我们需要了解自己在周期中的位置。马克斯利用当时的环境来决定他对风险的态度。

但这并不是简单明了的事情，因为有大量的周期，每个周期都有自己的时间框架，这是一个复杂的主题。我从很多聪明的评论员那里借用了如下理解周期的框架：

· 债务和去杠杆周期——这是由桥水基金公司（Bridgewater）的雷·达里奥（Ray Dalio）提出的，这个时间周期太长，无法立即使用。

· 人口统计资料——同样是长期因素，但这对理解增长方向和形成总体增长预期至关重要。它对入口流动率假设也很关键——这十年的增长会比上个十年高还是低？以下是一些关键因素：

· 总体人口统计和人口增长率；

· 处于16~64岁关键年龄段的人数，即工人人数；

· 退休人数——从2010年代中期开始，美国婴儿潮一代以每月1万人的速度退休。

· 生育率——自2000年以来，美国每100名15~44岁女性的生育率下降到0.8%，而20世纪60年代和70年代分别为1.9%和2.3%。这对经济增长至关重要，因为婴儿是经济活动的刺激因素。

· 一个类似的变量是家庭的组建，这也是巨大的经济刺激因素。如果它的增长放缓，经济增长将失去活力。

· 经济周期——上一次经济衰退发生在什么时候？下一次衰退可能在什么时候出现？经济学家几乎从未准确预测过这点，但这也是关键问题。

· 商业周期——一个部门往往与整体经济有着不太一致的周期。例如，我曾经跟踪调查过的交通行业，因为它领先于经济，所以有点棘手。

• 股市周期——我们处于牛市或熊市的哪个阶段？同样，这可能与经济周期略微不一致——通常是领先于经济周期18个月左右。

确定我们在周期中的位置的一个好方法是考虑被压抑的需求，这是经济学中一个经常被忽视的因素。21世纪10年代末，美国经济出现了一些周期枯竭的迹象：

• 汽车需求一直在下降，实际上，行业整体上靠轻型卡车支撑，而不是传统汽车；

• 二手车价格在下跌；

• 有迹象表明，由于需求下降，公寓出现了过度建设迹象；

• 零售物业很难出租，但最有价值的地段除外。

当出现多个类似的迹象时，尤其是对于像美国这样由消费驱动的经济体，消费者如果不愿购买大件商品，增长就不太可能加速。这也并非不可能，但如果没有显著的刺激措施，肯定会更加困难。

特朗普的减税政策和日益高涨的消费者信心导致美国经济在2018年上半年加速增长，但依我看来，2020年初的周期将被延长。

12.7 政治

当我在20世纪80年代中期开始炒股时，政治被认为是影响股市的一个重要因素，英国的预算是一个重大事件。我们整个研究部门都参与了描述预算措施及其对股市影响的一本书的写作中。

1987年2月，我协助编写了这本书。这本书的彩色封套总是预先印上一幅漫画，而主要措施则是在财政预算日的前一天晚上加印在封套上。那一年，我准备去美国进行我的第一次海外营销之旅，我很幸运地拿到了协和飞机（Concorde）的预算书——这在当时对我来说是件大事。那是英国航空公司首次公开募股的时候。作为一名航空业分析师（伦敦为数不多的航空业分析师之一），我设法去了一趟驾驶舱。跟随我的是邻居吉姆·兰德尔（Jim Randle），他在捷豹公司（Jaguar）担任工程总监。我记得驾驶舱很小，而且有许多仪表盘。

我下了飞机，把那些书递给了一位同事。我们是第一个在曼哈顿发布研究成果的；这是在电子邮件出现之前，我不确定那时是否已经发明了传真。想象一下！然后我开车去了拉瓜迪亚（LaGuardia），最后前往波士顿与著名的投资经理哈坎·卡斯特格伦（Hakan Castegren）见面。

当时，人们对预算案的重视程度远比今天高得多，大多数措施都事先泄露给了媒体。最近，政治因素在股市思维中已不再是一个重要因素，除非出现特定的孤立情况，比如选举中的权力更迭。这一情况持续到2016年，直到英国脱欧和特朗普将政治和政治风险放在了聚光灯下。

美国政治周期

因此，战略家们经常这样引用美国的政治周期：新总统上任的第一年是积极的，最好的一年通常是第三年，选举前的一些不确定性有时会导致市场在第四年焦虑不安。

这种政治周期一般都是视当地情况而定的，在势均力敌的竞选或联合政府中，不确定性会增强。尽管在彭博社和美国全国广播公司（CNBC）财经频道上制造了大量噪音，但政治事件很少会对市场产生重大影响，而共和党总统和民主党总统之间的表现差异只是噪音。事实上，在过去100年里，民主党领导下的股市表现得更好，民主党总统在整个周期内的回报率接近75%，是共和党平均水平的两倍多。

尝试理解风险

作为一名投资者，你可能对政治方面的形势没有太多的看法。即使你有，你的客户也不是真的付钱让你去下这些赌注。估计政治事件的概率是极其困难的，正如我们在最近的英国和美国大选中看到的那样，几乎所有的民意调查都错得离谱。但你还是需要明白其中的风险。这可以构成风险—收益判断的框架，即使其概率无法计算。

2016年6月英国进行公投，最终英国人民投票决定离开欧盟是一个相对罕见的政治事件，它不是政党的更替，它导致真正的经济变化。英国国内股票大量抛售后迅速反弹。我对公投持一定程度上的谨慎态度。投票的结果非常接近。我的想法是，最有可能的结果是投票留欧，伯克利集团（Berkeley Homes）等房屋建筑商可能会反弹10%~15%。尽管如果公投结果是脱欧，做空房屋建筑商可能会获得20%~30%的收益，但这里的风险是不对称的，我并没有（错误地）认为"脱欧"的可能性是"留欧"的两倍。

在英国脱欧公投中，我知道如果结果是脱欧，那么英镑很可能会大幅下跌。因此，我需要寻找一家在英国有大量出口能力或有大量海外收入的公司。然后，我找了一些即使公投结果如预期的那样保留下来，看起来仍然被低估的股票。因此，我推荐买入帝亚吉欧（Diageo）公司的股票，该公司因各种原因陷入低迷，但出口利润表现不错；海外销售占据了很大一部分，这可能会转化为贬值后更多的英镑；这是一家高质量但极具防御性的公司，它已经被严重低估了。

我知道，如果公投结果是留欧，市场崩溃，这只股票将表现不佳，但仍会上涨。但它的优点是，如果公投结果是脱欧，它会是一个很好的赌注，股票有可能迅速上涨20%。结果也确实如此。

我从那次公投中吸取的教训让我对2016年美国大选持谨慎态度。我们所有人都一致认为特朗普不会胜选，但我们又不希望他赢了之后把我们给困住。在结果公布前一天，我在点差押注市场上下了一笔小赌注，以6比1的赔率买特朗普赢得2017年美国总统大选。我打赌只是因为我认为这是错误的价格，而不是有任何特朗普可能获胜的想法。

在许多司法管辖区，政治已经变得极其复杂和令人困惑。在选举中，投资组合需要再平衡，这样你就可以避免意外结果带来的伤害。这意味着拥有一些在任何结果下都会表现良好的股票，而不是倾向于一方或另一方的胜利。

小结

宏观是真的很难。你只需看看近年来大量宏观对冲基金要么倒闭，要么回报十分微薄就知道了，管理这些基金的可都是真正有才华的人。我最多希望的是对宏观环境有一个宽泛的理解，从而知道什么时候该冒险，什么时候该更加谨慎。即便如此，宏观为选股提供的信息和情报对股票投资者而言，仍然是一个重要的影响因素。

13

科技颠覆未来

到目前为止，我已经解释了我过去是如何在卖方（为投行工作）和买方（主要是在对冲基金）工作的。工作的性质一直在变化，虽然旧的分析技术仍然总体有效，但科技在公司分析中发挥越来越大的作用，这表现在以下三个方面。

1. 影响几乎所有行业中的大多数公司的颠覆性活动。

2. 对科技本身的分析。

3. 新方法的使用。

本章将重点讨论颠覆性的问题，这对大多数投资者来说是最重要的。然后我将简要讨论对科技公司的分析和新方法的使用，最后以对21世纪20年代的展望来结束本章的内容。

13.1 颠覆的概念

评论家们经常会嘲笑20世纪90年代科技的过度繁荣，以及眼球价值的观点和类似的无稽之谈。然而，自1999年科技股繁荣达到顶峰以来，亚马逊的股价表现已经远远跑赢了大市（即使亚马逊最初曾大跌了90%！）。对于像Pets.com（在科技繁荣的冲击波中什么也不是）这样的网站曾引起人们的愤怒，但很少有人想到，20年后使用同样商业模式的chewy.com网站会以超过30亿美元的价格转手（见图13.1）。

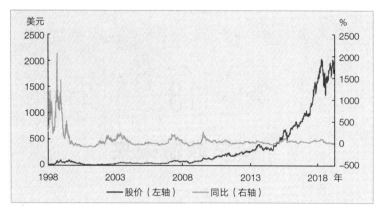

图13.1　亚马逊公司的股价

资料来源："读懂资产负债表"（Behind the Balance Sheet）森提奥数据库（Sentieo Data）。

　　这并不是说，繁荣的顶峰就不是泡沫；在任何泡沫中，至少有一只股票的表现自那时起肯定会强于大市。但我想说的是，20世纪90年代或许并非完全疯狂。当然，许多股票被认为估值高得离谱，但投资者也认识到了互联网所提供的机会及其将带来的颠覆，并赋予其更高的未来价值。

　　颠覆的问题是当今任何分析师都要考虑的最重要领域之一。这既包括给行业新人提供的机会，也包括对现有企业的威胁。我决定在这里用一个单独的章节来讨论颠覆的问题，而不是在研究公司的方法中讨论它，因为它将是未来分析中的一个关键因素。

　　本章不会涉及如何投资科技股的话题，这本身就可以写成一本书；也不会认真讨论颠覆性影响在哪里以及如何产生影响的问题。相反，我会讨论我对颠覆的看法。这一领域与其说是属于科学的，不如说它更多的是属于艺术的。这里并不存在现成的规则，但我希望我分享的一些实际经验对大家有所帮助。

　　我要讨论的是识别一项改变游戏规则的发明或发展是多么困难（对投资者和行业参与者而言都是如此），评估这些变化可能对未来产生的影响有多么困难，以及如何评估它们对投资组合中的股票的威胁。

颠覆使许多投资者成为英雄，至少在我看来他们可能不配成为英雄，因为许多人只是幸运地赶上了风口。它也让一些非常聪明的投资者看起来相当愚蠢。我应当承认，我完全是靠运气才没有让自己看起来很愚蠢，也不幸地未能让自己看起来像个英雄——我的做法过于保守了。

13.2 颠覆的本质

本尼迪克特·埃文斯（Benedict Evans）是一位策略分析大师，也是硅谷最成功的风险投资公司之一——安德森·霍洛维茨基金（Andreessen Horowitz）的前合伙人。他的博客和电子邮件列表上的粉丝超过13万人之众。2018年8月，他写了一篇关于特斯拉的精彩文章，将该公司视为一支颠覆性的力量；同时，他非常正确地认为特斯拉不可能成为汽车行业的苹果手机。这篇文章非常值得一读，因为它对如何对市场产生真正的颠覆性影响的评论非常有洞察力[①]。（本尼迪克特已经成了朋友，但说实话他真的很聪明。）

他在文章中指出，诺基亚因为苹果手机不是一款很好的手机而瞧不起它。同样地，传统汽车制造商瞧不起特斯拉是因为特斯拉的面板组合，而且Model 3居然是2018年夏天在帐篷里生产出来的。特斯拉是否会成为像苹果手机那样的颠覆者，还有待观察。但考虑到汽车行业的庞大规模，尽管现有车企在电动汽车创新方面可能面临着（逐渐减少的）劣势，但它们在其他所有领域都拥有着巨大优势，所以，特斯拉似乎不太可能成为真正的颠覆者。

颠覆的概念是指一个新的进入者、想法或方法改变了某个行业的竞争基础。以苹果手机为例，一开始，苹果公司并不擅长制造手

---

① 见本尼迪克特·埃文斯（Benedict Evans），"特斯拉、软件和颠覆"（Tesla, software and disruption），https://www.ben-evans.com/benedictevans/2018/8/29/tesla-software-and-disruption。

机，但诺基亚在软件开发方面真的很糟糕。这是一个很好的例子：现有手机制造商能制造出不错的手机，但打电话很快就成为手机的次要功能。类似这样的变化是事先难以预料的。

有时，由于现有企业试着去学习适应市场，一项新技术或一个新想法最终不会带来太大的颠覆性影响，但它们通常还是会对分销或零售的供应链上游或下游产生一些影响。因此，颠覆性科技的影响极其难以评估。通常，新技术或新想法的发起人并不是最大的受益者——本尼迪克特指出，苹果发明了个人电脑，但这部分业务很快就破产了；主要的受益者并不是像IBM或戴尔（Dell）这样的硬件生产商，尽管这两家公司都在很长一段时间内都受益颇丰。

相反，苹果公司发明的最大受益者是微软。这在一开始是无法预测的。值得注意的是，微软以其不占优势的软件取胜。Excel是Lotus 123的拙劣复制品，而Lotus Notes是迄今为止最棒的电子邮件软件，然而，在收购了Lotus之后，即使IBM财力雄厚也没能拯救Lotus。

在苹果公司推出Apple IIe之后的许多年里，人们可能仍然会认为这样的结局非常可笑。在某些方面，优秀的产品没有占上风仍然令人感到惊讶（对我来说，这很令人失望，因为我更喜欢Lotus的产品，而不是我在30年后仍然在使用的，性能更差的微软软件）。然而，微软和预先打包或捆绑出售的软件的力量远远大于Lotus产品的效率。这就是为什么说，这样的结果的确很难预测。

我记得在2010年底，我在英国《金融时报》头版的一篇文章中读到过苹果平板电脑（iPad）上市的消息。我对着交易大厅喊道："有人知道这个iPad能用来做什么吗？"唯一的回应者说，那些在伦敦买不起大房子的人可以用iPad来看书（因为他们家里没有地方看书）。我提及这个故事并没有太大的建设性意义，只是为了说明在当时很难想象几年后，我将成为大多数分析师会议上唯一不用iPad做笔记的人之一。早知道这一点，我就会估计出鼹鼠皮（Moleskin）笔记本的销售会受到负面影响——虽然这些笔记本现在似乎仍然很受欢迎，尤其是把它们当作会议上的赠品。颠覆性效果的确很难衡量。

13.3 颠覆如何影响零售业投资？

颠覆性变化是投资者当前面临的主要风险之一，就像旧的商业模式面临着来自线上参与者的挑战一样。这种情况在零售业最为普遍。在美国尤其如此，因为美国实体店的规模太大了。据考恩（Cowen）公司[①]估计，2017年美国人均零售面积为2.35万平方英尺，英国为4600平方英尺，德国仅为2400平方英尺。

由于大约1/10的工人受雇于零售业，该行业的萎缩对美国经济产生了深远影响。例如，13度研究（13D Research）的数据显示，在截至2017年4月之前的6个月里，美国零售业失业人数超过了煤炭行业。在离开零售业的员工中，只有4.2%转向了运输业和物流业，这是一个明显的线上替代角色。

线下零售商被迫转移到线上，但由于供应链设置不匹配问题，很少有零售商有能力做到这一点。咨询公司普华永道（PwC）和JDA软件公司（JDA Software）[②]在2017年进行的一项调查中发现，在350家全球零售商中，只有10%从在线销售中盈利。这是一个令人惊讶的数据，但想到许多零售商（如服装、鞋子等零售商）实行的免费退货政策，且通常利润微薄，也许就可以理解了。

随着我们成为一个更注重体验的社会，消费支出也在发生变化。2016年，美国消费者在餐馆和酒吧的消费首次超过在杂货店的消费。尤其是年轻消费者，他们在网上花费更多，晚婚晚育，生更少的孩子，住更小的房子。这一切都会促使消费品销售下降。

与此同时，由于消费者借钱消费，盎格鲁—撒克逊经济体的信贷参数一直在恶化。这是一种不可能无限期持续下去的趋势。美国的种种迹象表明，在学生贷款、汽车贷款和信用卡借款方面，信贷

---

① Cowen是一家总部位于纽约，有上百年历史的美国投行。——译者注

② JDA Software公司提供端到端，可为零售业、制造业、第三方物流等企业提供专业的仓储管理系统，渠道解决方案和供应链计划和执行解决方案软件的公司。——译者注

指标正在全面恶化。

这使得投资零售行业股票变得异常困难，尤其是在该行业分化的情况下。一方面，像英国玛莎百货（Marks & Spencer）这样的老牌零售商受到冷落，其评级仅为其巅峰时期的几分之一；另一方面，在线零售商已成为市场的宠儿，经常获得极高的评级。坦率地说，这很难证明是合理的，而且更加难以证明其可持续性。

英国在线零售商ASOS[①]就是一个例子，在发布盈利预警并将年度收入预期从20%~25%下调至15%之后，该公司的股价下跌了40%。这个跌幅很大。但是对于一家市盈率很高的零售商来说，价格下跌并不令人感到意外（2018年9月，ASOS的市盈率达到80倍左右）。

13.4 科技的影响

股市在识别颠覆性威胁方面可能会比较慢。然而，随着越来越多的人意识到这一点且市场的惯性在推动股价下跌，这种威胁可能会突然且急剧地影响股价。例如，几年前我们就在汽车行业看到了这一点，当时电动汽车（EVs，Electric Vehicles）和自动驾驶这两大话题成为市场主要关注对象。

我相信，自动驾驶汽车（AVs，Autonomous Vehicles）是一个巨大的变化，类似于互联网的发展，对从房地产到交通的每个投资领域都有巨大的影响。

人们最初可能并不认为电动汽车具有传统意义上的颠覆性，21世纪10年代中期人们的共识是，到2025年电动汽车的渗透率将低于5%，而宝马和奔驰等先进汽车制造商的市场份额则会达到20%。

然而，考虑到电动汽车的成本取决于电池技术的发展，而电池技术的发展似乎会与科技行业的发展同行（假设能够克服或者规避钴供应量的限制），如此低的市场份额似乎不太可能。如果电池变得

---

① ASOS是一家创立于2000年的英国时尚服饰及美妆产品线上零售商。——译者注

更加便宜，电动汽车将比燃油汽车更便宜，至少在整个生命周期的成本上是这样。到那时，更高的渗透率是不可避免的，而且目前正在开发大量纯电动汽车平台。

试图理解精确的渗透率曲线不如去理解对更传统的周期性行业以及物业等第三产业的投资影响重要，因为自动驾驶汽车普及后，停车位就会被腾出来。21世纪10年代末，市场共识开始承认变化的速度正在加快，自动驾驶越来越成为现实。在我看来，股市低估了电动汽车的渗透率，对自动驾驶汽车的到来时间过于乐观。

当我第一次见到本尼迪克特·埃文斯（Benedict Evans）时，我做了大量的笔记。我之前没见过他，他很有魅力，对各种科技趋势都有惊人的洞察力；能花一个小时与他边喝咖啡边讨论世界上正在发生的事情是很有趣的。我认为这些笔记可以帮助读者理解评估未来技术发展影响的困难和复杂性，以及它们为何会对投资者构成重大风险。事实上，看看你过去错得多离谱是一种很好的教训，这样才能降低过度自信的风险。这在技术颠覆领域是非常实用的技巧，因为在这一领域各种评论很快就会过时。

当时（2017年），我想知道华尔街这些投行是否弄错了，因为他们认为大型广告公司面临来自埃森哲（Accenture）的风险，后者已经开始收购数字广告公司。我还担心现代汽车公司（Hyundai）会减少中间商，用谷歌设计并投放他们自己的广告。有趣的是，华尔街的想法太短视了，有更严重的长期问题需要考虑，即：

1. 亚马逊——亚马逊的自动订购按钮是这一趋势的极佳例证。在你的洗衣机上安装自动续货按钮（Tide Dash button），亚马逊不仅让宝洁公司（Procter & Gamble）失去了中介地位，也让广告公司失去了中介地位。

2. 手机通吃世界——随着越来越多的广告被直接投放到社交媒体上，广告公司变得越来越多余，就如同旅行社一样。

3. 电视的消亡——看电视的时间正在迅速减少。多年来，虽然互联网摧毁了纸媒，但电视却岿然不动，但现在它似乎也在走向同样的道路。奈飞（Netflix）和亚马逊在内容付费方面已经超过了

HBO电视网[1]。它们也没有广告。

4. 广告只占外部营销支出的50%，另外50%用于线下优惠券、货架布置和店内促销。随着越来越多的消费流向线上，其中越来越多的消费流向了亚马逊，营销部门在广告和促销上的投资也将缩减。

5. 几十年来，广告在GDP中所占的比例一直变化不大。但未来十年，它肯定会降低。

相反的观点是，在一个广告和营销支出帮助品牌向消费者推销自己的传统角色不再那么重要的世界里，也许广告代理和类似的中介机构对品牌的作用将变得更重要，而不是不重要，因为它们需要更有创意的方式来赢得消费者的喜爱。广告市场可能会萎缩，但电视广告可能会变得更受欢迎。

英国的电视广告显示了类似的迹象。那些更奢侈更有创意的广告出现了——2016年圣诞季期间，这类广告开支达到了56亿英镑（增长了5%）。其中，约翰·路易斯（John Lewis）的广告支出是700万英镑、玛莎百货（Marks & Spencer）的广告开支达700万英镑、博柏利（Burberry）的广告开支达1000万英镑，还有希思罗机场（Heathrow Airport）。

本尼迪克特还和我谈到了汽车、电动汽车和自动驾驶汽车。长期以来，我一直认为原始设备制造商（福特、通用等）受到了威胁，因为它们不得不在两个领域投入巨资研发新技术：电动动力系统和自动驾驶。这可能是一个巨大的负担。本尼迪克特认为电动汽车是更大的威胁，我也持同样的观点。

实现百分之百的自动驾驶大概还需要10年或更长时间，不过在此期间，自动驾驶卡车等领域将会取得重大进展。自动驾驶汽车在高速公路上行驶要容易得多。司机还在车里，但可以在驾驶室里睡觉。因此，他们将能够走得更远。车辆结对而

---

[1] HBO（Home Box Office）电视网，总部位于美国纽约，是1972年开播的有线电视网络媒体公司，其母公司为时代华纳集团（Time Warner Inc.），全天候播出电影、音乐、纪录片、体育赛事等娱乐节目。HBO制作的《黑道家族》《欲望都市》和《权力的游戏》等系列剧集曾受到全球观众的欢迎。——译者注

行（将多辆卡车串联在一起）将减少燃料消耗。这种情况应该很快就会出现在美国，它有8000亿美元的市场。这也是亚马逊物流事业的重点。"卡车优步"（Uber for trucks）并不简单，许多公司都试图征服它，但亚马逊的优势在于其大量的内部运输需求。

尽管完全自动驾驶汽车还很遥远，但制造商和汽车零部件供应商仍将不得不投入大量资金来开发这一技术。这种增量的研发投资不会导致人们愿意为汽车支付更多的钱，因此利润率将不可避免地下降。

自动驾驶汽车的发展将是渐进的——不会在某一天，如2040年1月1日这一天突然"梆"的一下，地球上的所有人都放下车钥匙，切换到优步的自动驾驶汽车里。相反，这将是一个渐进的、阶段式的转变，亚利桑那州凤凰城这样的城市拥有更适宜自动驾驶汽车的气候和地理环境，它可能是最早使用自动驾驶汽车的城市，其他城市可能会随后效仿。因此，我们将能够观察到在较长时期内它对房地产和运输等一系列行业的影响。在我看来，影响将是巨大的。

13.5 亚马逊的威胁

就像我和本尼迪克特喝咖啡一样，我在此总结了我与亚马逊一位前高管的讨论，用来说明思考科技发展的重要性，预测技术颠覆的困难程度，以及亚马逊为什么能取得如此惊人的成功。

市场地位

2016年，亚马逊占据了美国在线零售市场50%以上的份额。这位高管将这一成功归因于以下几点：

- 持续不断地聚焦价格——亚马逊不会被信誉良好的竞争对手打败。
- 无可比拟的选择广度——其英国网站拥有惊人的1.80亿SKU[①]，

---

① SKU（Stock Keeping Unit），最小存货单位，即库存进出计量的基本单元，可以是以件、盒等为单位。——译者注

我猜测这一数字是离得最近的竞争对手的100倍。

- 会员优惠（Prime）——用固定的会员价格激励顾客在更多的购买组合中摊销这一成本，并确保他们优先访问亚马逊网站。会员优惠正不断扩展到视频、音乐、Kindle借阅库等领域。
- 第三方卖家——这些订单至关重要，因为它们占所有订单量的一半。
- 配送速度。

品牌商

亚马逊对品牌商构成了巨大的威胁。尽管那些拥有强大营销能力、真正差异化的品牌可以抵御这种威胁，但是耐克向亚马逊认输正好说明了这一动态。耐克曾经拒绝在亚马逊销售其产品，但最终被迫让步，允许亚马逊在其网站上销售耐克的产品——亚马逊太重要了。而对于大多数销售类似产品的品牌来说，它们将承受相当大的压力。

想象一下：某中国的合同制造商生产的产品可以通过亚马逊系统上的中介提供利润率极低的相同产品，并以大幅折扣激励客户。随着时间的推移，客户会发现这些产品并没有什么不同，他们会转而选择更为便宜的产品。正如电子产品所经历的那样，品牌也将经历商品化。

食品杂货店

亚马逊以160亿美元收购了有机食品超市（Whole Foods）的生鲜食品供应链——它们原本需要10年时间才能建立起这条供应链。这也是亚马逊与英国莫里森公司（Morrisons）达成交易的动机。

亚马逊不能远离食品，因为食品是消费者的首要消费项目；大数定律需要亚马逊用食品销售来保持其长期增长。但是食品杂货的送货是一件非常没有吸引力的业务，因为与你竞争的是由顾客亲自挑选和送货的实体店——沃尔玛和乐购在积累了几十年的经营经验后对业务进行了调整，但它们的利润率仍然比较低。在卖食品杂货时搭配大量的非生鲜产品或许是有道理的，亚马逊一直在尝试这样做，但没有取得太大成功。它在努力通过亚马逊生鲜（Amazon Fresh）找到动力。

食品杂货行业可能没有正确的经济模式。这是一项艰难的独立业务，超市会对配送进行补贴。超市收到退货后，往往不直接收回实物商品，而是直接退款，这进一步压低了利润率。

服务

亚马逊的Kindle直接出版平台（Kindle Direct Publishing）已经成为自助出版的主要平台，因为作者可以自行设定出售价格并获得零售价的70%，而通过传统出版商，畅销书作者仅仅可以获得15%~30%的收入。2015年亚马逊销售排行榜排名前100的书籍中，有31本是自助出版的。

亚马逊的音乐（Spotify的克隆版）是免费的，但亚马逊非常仔细地衡量，看看听很多音乐的消费者是否也在零售上花了很多钱，并评估他们即使没有从单品中产生收入，是否还能为生态系统增加价值。

在视频方面，奈非（Netfix）和亚马逊都有能力推出小众频道，例如食品和葡萄酒频道，如果它们能吸引到2万名用户，这对它们来说是一笔好生意——传统的广播公司无法做到这一点。

观察亚马逊在各类业务上的战略需要的近乎是一项全职性工作，但是，监测亚马逊的发展动态十分重要，因为它对其他行业的影响可能很关键。亚马逊仅仅提到它可能对某个行业感兴趣，就足以把股价砸出一个坑。

13.6 风险资本

我在前文提到过，我的投资组合中有一小部分资金分配给了风险投资和私募股权投资。我认为，对于老练的股票投资者来说，与风险投资界保持联系至关重要，原因有二：

1. 随着投资变得越来越自动化——人工智能可以在瞬间读取所有信息——信息优势越来越稀缺，还会进一步受到削弱。因此，对专业投资者来说，把眼光放长远可能是一个更好的区分因素。这就要求我们要想得更远。

2. 在一个瞬息万变的世界里，技术迅猛发展，能够意识到未来可能会发生什么是至关重要的。否则，你还来不及反应，它就会威胁到你的投资。

为此，我与天使投资人和风投公司保持联系，如伦敦创始人工厂（Founders Factory），本尼迪克特·埃文斯（Benedict Evans）等分析师，并亲自参与了一些初创公司的投资。其中一些初创企业一旦成功就会淘汰传统模式。了解这些威胁对于评估一只股票的上涨和下跌是非常有帮助的。

与新成立的公司高管会面在实践中是有用的，因为你可以了解人们正在追逐的梦想。当然，其中一些纯属无稽之谈——socks-by-post.com是一家向我提议投资的真实企业。但有时你可以洞察到原本察觉不到的事态发展。

例如，一份投资议案就让我察觉招聘领域出现了重要的发展——他们成功地设立了一块免费的就业公告板以取代就业中介机构（我没有投资这家公司，因为创始人的妻子/合伙人在简历中谎称了她20年前的职位。我也不知道是何原因，但从那以后她就不值得我信任了）。

基本上，它们通过创建细分行业的专家库，为雇主提供了一个完整的候选人名单，还有做免费广告的机会。对于20%的更复杂的工作，该公司为雇主提供了一项便宜至500英镑左右的服务，使他们不仅可以在自己的简历数据库中寻找，还可以到其他数据库中搜索合适的候选人。在我看来，随着人工智能的发展，这个过程可能非常高效。

他们做了一项测试，目的是为一位潜在客户寻找一名薪酬在8万英镑至10万英镑的营销总监。由于他们订阅了瀚仕（Hays）和其他机构的简历数据库，所以他们列出了一份与受委托聘请的猎头公司相同的候选人名单。但他们的收费是500英镑，而猎头是2.7万英镑。

在我看来，招聘机构的收费水平可能会经历长期的下降。瀚仕从英国脱欧后的低点上涨了50%之后，我认为这家公司看起来很容易受到英国脱欧过度乐观情绪减退的影响，同时也面临潜在的收费下降的长期压力。假如没有这次会面，我永远不会发现这种潜在的风险，除了估值（估值本身也不是充分的理由）之外，我不会有任何理由考虑对这家公司股票的投资。

13.7 企业是颠覆的原动力

需要注意的一个长期因素是利润率的性质。美国企业的回报率和利润率已达到历史最高水平，这引发了许多关于可能出现均值回归等问题的讨论。我相信有许多巧合的因素影响着这一结果。

首先是高收益科技公司的增加，这些公司所需资本不多，利润率却很高——可以想想谷歌或脸书的例子。一个必然的推论是许多被颠覆的企业其回报率和利润率都在下降。但这不太可能是唯一的原因。

其次，许多行业的集中度在不断提高——虽然这个很难衡量，但在过去20年里美国上市公司的数量减少了将近一半，因此，这可能反映出行业的整合程度比以往更高。顺便说一句题外话，这也反映出越来越多的公司被私人股权资本所拥有，私人股权资本对长期业务健康不那么感兴趣，他们更加强调短期的现金增值。乔纳森·泰珀在其优秀的著作《资本主义的神话》（*The Myth of Capitalism*）中谈及了行业整合及其影响和可能的抵制等问题。

美国航空业是一个行业整合度不断提高的经典案例，其股票估值也得到了显著的提升。但在2017年4月，美国联合航空公司的一个航班驱逐了乘客陶医生（Dr Dao），这表明，随着行业竞争力下降，公众对消费者受到恶劣对待的反应可能会在社交媒体上引发强烈反弹。在快速消费品领域，由于美国消费者的实际收入一直在下降，有些消费品公司通过缩小包装尺寸来应对。

在考虑这种投资的长期前景时，人们必须在投资活动中考虑到消费者对类似这种待遇表示强烈抵制的风险。例如，更长期的反应可能是加强监管，无论是英国工党和保守党设想的设置能源价格上限，还是对美国航空业引入监管或消费者保护措施。

这种风险可能在大型平台科技公司中最为普遍。想想爱彼迎（Airbnb）[1]，纽约和巴黎等城市正在对业主的租金实施更为严格的控制。优步之所以成功，是因为它打败了一些夫妻店式出租车公司，这些司机很可能最终会为优步工作；它的估值在某种程度上可能是合理的，因为它在破坏市场竞争的同时制造了垄断。然而，在某个时候，政客们可能会介入这些平台，并引入监管。

13.8 科技股分析

对科技股展开详细的分析显然超出了本书的范围。看多科技股的人认为，我们不需要担心利润，今天科技公司的亏损越大，最终的市场份额增长就越大。我从根本上不同意这种观点，但情况很复杂。关注客户的终身价值和获取它们的成本之间的关系是一种有效的技术。然而，在我看来，它并没有完全取代我前面详细介绍的传统分析技术。

2019年，我们看到WeWork公司[2]首次募股活动失败了，当时一些最大最受人尊敬的美国投行给它的估值高达500亿~1000亿美元。但最终止步于200亿美元和100亿美元，因为投资者不相信那么野心勃勃的估值。在我看来，它就不是一家科技公司，这才是它的股票发行未能继续下去的主要原因。我们也曾看到像优步（Uber）和来

---

[1] Airbnb是Air Bed and Breakfast（"Air-b-n-b"）的缩写。它是全球民宿短租公寓预订平台，主要业务是联系旅游人士和家有空房出租的房主，为用户提供丰富多样的住宿信息。——译者注

[2] WeWork是总部位于美国纽约的众创空间，该公司为不同规模的团队提供从移动工位、专属办公室到企业总部的办公空间解决方案。——译者注

福车（Lyft）[①]这些家喻户晓的科技公司，当市场在创新高时，它们的股价却在下跌（见图13.2）。

图13.2　优步和来福车公司的股价

注：以首次公开发行当日收盘价为指数计算的基期。

资料来源："读懂资产负债表"（Behind the Balance Sheet）森提奥数据库（Sentieo Data）。

这些与互联网相关的股票通常表现得像个平台，具有赢家通吃的特征——优步拥有最多的司机，所以它可以提供最短的等待时间，能够吸引的客户数量最多。它在业务运行中形成的这种良性循环对投资者具有很强的吸引力。

另一个主要的财务特征是，这些公司通常采用轻资产的商业模式——优步公司自己没有出租车。因此，一旦客户获取增长阶段达到顶峰，这些公司应该具有很高的现金生成能力。

投资这些公司的问题在于它们难以估值——我们很难估计投资阶段将持续多久。一旦这一阶段完成，就更难评估它们的盈利能力了。而且，仅仅因为一家公司建立了早期的领先地位，并不意味着它不会吸引竞争者加入，而这往往又会导致定价压力。

奈飞（Netfli）公司就是一个很好的例子——它在内容上的投入比同行高得多，规模也大得多，但它的成功吸引了一大波新的竞争者加入流媒体市场。我看到的一项研究表明，在一年内，随着多家

① Lyft是美国仅次于Uber的第二大打车应用软件平台。——译者注

新服务商的加入（HBO、迪士尼、苹果等），流媒体服务从客户钱包里掏的钱从奈飞的每月15.99美元涨到了每月250美元。

在分析科技股时，我使用LTV/CAC（客户终身价值/客户获取成本），但我也使用EV/销售收入倍数作为我的关键参数。根据我的经验，重要的是要使用你知道和能理解的基准——这让我感到踏实，同时也为我的估值分析提供了坚实的基础。

13.9 分析的新方法

大数据分析无疑将成为未来几年股票分析的关键方法。据我了解，在一家欧洲基金公司里，数据科学家的数量超过了传统分析师。我在伦敦的一个朋友管理一家非常成功且只做多的基金公司；他有8位分析师，并且刚刚聘请了他的第一位数据分析师。这种趋势肯定会持续下去，尽管我对大数据分析有所了解，但很多技术细节我也不是很清楚。

曾经和我合作过的一位分析师想利用卫星图像来捕捉沃尔玛停车场的汽车数量——我们将会看到更多这样的例子。不幸的是，这超出了大多数机构投资者的能力范围，更不用说私人投资者了。我已经有一段时间没有参与一家拥有充足资源的大型对冲基金的工作了，因此我不太了解这些基金现在是如何利用技术的。对冲基金可能主要以两种方式使用技术：

1. 要确定哪些股票会上涨——用定量技术与基本面技术相结合的基本面量化方法。量化方法正变得越来越复杂。

2. 直接利用提取信息的技术。例如，这可以是通过抓取网站和分析大数据以识别特定行业的定价趋势，也可以是使用网络数据来形成决策，正如我在下面的例子中要讨论的那样。

我曾经使用技术提供商以皮特公司（Yipit）[①]的数据来判断一家

---

① Yipit是美国团购信息导航网站。除了聚合团购信息，它还向对冲基金与一些团购网站出售数据情报。——译者注

正在进行合并的企业的投资机会，该企业将从合并后的美国业务中剥离成本。我们利用以皮特公司的技术读取这两家公司所有的商店和仓库的地址，并在地图上绘制出来——这一做法非常简单，而且非常有效。当然，这在过去也是可以做到的，但可能花费很多个小时，而今天对一个有才华的程序员来说所需时间非常有限。对两家商店重叠的详细分析（使用一些聪明的软件）显示出高度的地理适合度，这表明该公司的业绩可能会超过其公布的目标值。

另一个可能违反直觉的领域是，计算机比人好得多的是语言处理能力。一些基金和许多研究机构正在使用自然语言处理技术来识别趋势。比如，公司观察（Company Watch）是一家数据提供商，它修改了阿尔特曼评分模式（Altman score，一种信用评级形式）。多年来，它在识别即将陷入财务困境的公司方面达到了90%以上的成功率。这些分析完全是根据该公司的财务文件开展的。

他们最近开始使用自然语言处理程序来"阅读"公司报告和公司财报电话记录。令人惊讶的是（当然对我来说），单独使用语言的成功率比分析数字高出1%。我有点担心计算机比人能更有效地做到这一点。

13.10 小结

我希望用展望未来结束本章。显然，科技的发展对评估投资的未来有重要作用，而科技的颠覆作用是当今投资界最重要的主题之一。

科技的变化不但影响着我们对股票的选择，而且影响我们分析公司的方式。规模较大的基金可以负担得起一支高质量的技术研究团队，它们有大局观，能就新的潜在风险向同事提出建议。然而，规模较小的基金和私人投资者肯定会处于不利地位——它们必须努力跟上技术发展并关注可能的长期结果。

最关键的是，即使是对传统企业，研究报告也应该单列一个题为"颠覆——潜在的风险和机遇"的章节。即便像宠物食品生产商这样稳定而沉闷的公司也面临着来自网上宠物商店潜在的威胁，像Zooplus这样的网上宠物食品零售商也可能成为主要的买家[①]。没有哪个行业可以幸免。

尽管私人投资者永远无法生成计算沃尔玛停车场汽车数量的庞大数据集，但他们可以使用一些常识性原则和基本分析来了解沃尔玛最有可能的未来前景，以及它今天的股价是否适当地反映出了这些基本面因素。

13.11 未来

科技和颠覆是一个重要的投资主题。在我看来，将主导21世纪20年代投资格局的其他主题还包括：

- 气候变化和ESG（环境、社会和治理）话题；
- 中国；
- 新兴市场和发达市场。

ESG/气候变化

ESG（环境、社会和治理）是目前资产管理行业的一个时髦词。负责任的投资的压力意味着将更少的投资投向石油等企业的股票——单纯是资金流动的减少就可能导致它们的股价表现不佳。

气候变化的话题只会变得越来越重要，因此分析师们必须扩大他们的理解，例如当他们在分析一家饮料公司的塑料瓶使用问题时就要考虑这个话题。正如我前面所讨论的，这将是公司质量排名的一个不可或缺的因素。

中国

中国问题值得专门出一本书。显然，这个国家及其市场的角色将是许多公司在未来十年取得成功的关键因素。我不是这方面的专

---

① 此处原文是买家（purchaser），可能应该是卖家。——译者注

家，但这是我非常关注的事情。

新兴市场与发达市场

我是在2020年的第一周撰写此文的。之前我曾在BBC广播四台的"今日"（Radio 4's Today）[①]节目上短暂露面，讨论未来一年的发展趋势。我想我们也可以谈谈未来十年，有一件事对我来说似乎很清楚：当我在2030年的第一周坐下来时，我预计发达市场将反映出三个问题：

1. 人口结构对大多数西方经济体都不利。移民是一种可能的解决方案，但随着劳动力的减少和退休人员的增加，储蓄可能会降低。

2. 当前的利率已经非常低了。股价因此提高估值的机会可能有限，如果利率攀升到更"正常"的水平，就存在降低估值的风险。

3. 自20世纪初以来，美国的股市一直收获着惊人的回报。仅在20世纪30年代和21世纪头十年，美国股市出现了负回报。两者都是在1929年和1999年的创纪录高点以及随后的崩盘之后出现的。我并不是在预测2019年的市场高点之后会崩盘，但过去的趋势将更难延续。

因此，在我看来，机会更有可能出现在新兴市场。像印度这样的国家正在崛起，它拥有极好的人口结构，而且似乎正在解决过去对增长的一些约束因素。但其股市现在估值很高，对外国的个人投资者而言很难进入。在亚洲及其他地区还有许多机会，但对风险的评估需要比我上文提及的更加仔细地理解宏观因素。

小结

我真诚地希望你们都喜欢这本书，并发现它有指导意义。我尽可能地把我在30年的投资生涯中学到的技巧传授给你们，但同时也想让它变得生动有趣。最重要的是，我希望它能帮助你提高投资业绩。感谢你读到了这里。

---

① 英国广播公司（BBC）的一档节目。——译者注

14

新冠疫情后记

14.1 引言

这本书原本打算在2020年5月出版,但由于我推出了一个面向希望提升技能的投资者开设的,为期12个月的在线课程"分析师学院"(Analyst Academy),耽搁了出版的时间。然后,病毒来了。因此,我决定再加一章后记,谈谈疫情可能给投资带来变化。疫情带来的变化如此之大,不可能不在一本关于投资和研究股票的书中慎重考虑它。

我相信这一章不会像书的其他部分那样容易过时,所以,请大家记住,这一章诞生于新冠疫情危机的初期,我们还处于2020年4月的封锁中,此时的市场预测2021年的投资收益将超过2019年。当这本书出版的时候,当你读到这一章的时候,我确信这一预测看起来有点儿异想天开。对于我所讨论的其他含义,我就不那么确定了。

我要讨论的内容分为两个方面——更广泛的宏观图景以及疫情

对企业意味着什么。在宏观效应方面，我将讨论金融抑制和资本管制；为什么利率将在一段时间内保持在低位，这意味着什么；还有一些潜在的连锁反应，包括通货膨胀的可能性，以及企业和私人部门修复资产负债表的必要性。

然后，我将讨论疫情对企业和股权投资者的影响，探讨企业部门对更稳健资产负债表的更强烈愿望、对在岸供应链要素的需求，以及对股权估值、营运资金和收益型基金的影响。最后，我将探讨这将如何带来企业的"厨房下沉准备金"（kitchen-sinking reserves）。我也会讨论为什么更多的欺诈行为将会被曝光，这是结果之一。

14.2 宏观局势

显而易见，疫情大流行对金融体系造成了巨大冲击。很清楚的是，到2020年6月，地球上几乎每个政府的债务都将比1月多得多，到年底甚至可能更多。2020年初的情况（对投资人而言）看起来并不是特别有吸引力。

更高的负债

国际金融危机爆发以后，发达经济体的债务大幅增加，超过了GDP的100%。莱因哈特和罗格夫（Reinhart and Rogof）在他们著名的著作《这次不一样：八百年金融危机史》（*This Time Is Different: Eight Centuries of Financial Folly*）中主张谨慎行事，他们认为一旦债务超过GDP的90%，经济增速将会下滑。然而，因为在他们的计算中发现了一个错误，他们的统计数据和结论被削弱了。两位学者根据历史趋势预测未来的经济事件往往是不太可能的（见图4.11）。

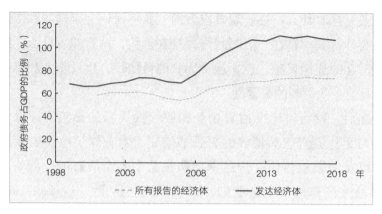

图14.1　政府债务占GDP的百分比

资料来源：国际清算银行。

　　简单的常识告诉我们，当债务比GDP还高时可能情况不妙了，应该想办法把它降下来。可以肯定的是，当我们在2020年底重新画这个图时，债务比例又上升了一大截。这确实是值得担忧的事情。

　　但如果所有政府都有巨额债务，那可能就不是什么大问题了。因为不存在比较劣势，他们也就没有无法融资的真实风险了。但是，我只是一名简单的股票分析师，这显然不是我这种薪酬级别的人要考虑的问题。

　　我猜到了某个时刻，政府会感受到支出的约束，去寻求降低它们的债务负担。大多数国家肯定会被迫继续实行金融抑制政策以压低利率，使其低于通货膨胀率。这需要可能是数十年而非数年，毫无疑问这对股票投资人有重要的意义。

　　值得注意的是，这不仅是政府的问题，公司部门也有高杠杆。发达经济体非金融机构的整体债务超过GDP的250%，在2020年末肯定会更高。这和V形、W形、U形或者L形复苏没有关系——实际上与任何类型的复苏都没有关系。

　　降低债务与GDP之比的最好方法是更高的增长率。因此，及时的财政刺激政策是所有政府的优先选项。正确履行这些政策才能让我们摆脱困境（见图14.2）。

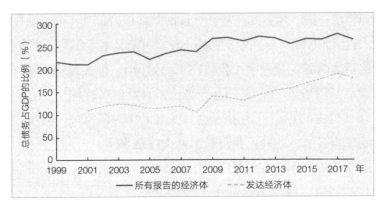

图14.2　总债务占GDP的百分比

资料来源：国际清算银行。

更高的税收

政府的另一个选择或许是提高企业和个人所得税，尽管这会对经济产生影响。吉姆·查诺斯（Jim Chanos）认为，如果政府要救助企业，那么他们将被迫支付更高的税收作为未来的保险费。他的计算结果显示，2021年标准普尔指数样本股的一致性盈利估计是每股170美元（我认为这一估算过高了），如果美国恢复到特朗普政府之前的税率，这个数字将需要向下修正到135美元。

著名金融史学家拉塞尔·纳皮尔（Russell Napier）列举的令投资者难以接受的其他项目还有：

- 财产税
- 股息控制
- 投资限制
- 对黄金管制（20世纪30年代曾发生过）
- 资本管制

政府的解决方案必须是推动更高的增长。让我们希望他们能做到这一点，因为其他选项都没有吸引力。

利率可能会维持低位

利率很有可能会长时间保持在低位。我的基本假设与国际金融危机后的情况一样，通货膨胀将在一段时间内保持低迷（如果通胀最终回归，就像20世纪60年代中期那样，这很可能是本十年的一大奇事）。

这将影响养老金赤字（我将在下面讨论），但在理论上应该会继续推高成长型股票的估值。随着成长型股票越来越稀少，它成为一个更有吸引力的特征。这意味着，过去十年的赢家——科技股——将继续成为赢家。此处，我想指出两大注意事项：

这些估值会永远保持增长吗？能长到天上去吗？大概不能。它们的相对估值已经显著上升了。根据星浩资本公司（Star Capital）用他们的综合估值矩阵计算出的结果，到2020年第二季度，成长型股票与价值型股票的比率已经超过了互联网繁荣时期的前峰值。

即使是成长型股票也不能免受整体经济动荡的影响。例如，互联网广告费率在封锁开始时暴跌，这可能会在一段时间内损害埃尔法贝塔（Alphabet）和脸书（Facebook）公司的业绩。

连锁反应和通货膨胀

新型冠状病毒危机给许多行业带来了巨大的生存问题，尤其是航空公司、旅游业和酒店业。持续时期是不确定的。例如，只要病毒传播扩散的威胁不消除，那么，游轮公司要说服度假者进行这样的旅行可能需要花费长期的努力。但短途航空旅行的风险可能被认为较低。尽管在2020年5月，嘉年华（Carnival）报告了夏末的游轮预订量很强劲；因此，多少有些令人惊讶的是，游轮可能会比预期恢复得更快。

很明显，所有的行业都间接受到了影响，甚至包括我之前讨论过的互联网广告业。石油行业遭受了重大影响，当沙特阿拉伯和俄罗斯展开合作（可能会削弱美国页岩气）时，该行业似乎出现了一场几乎关乎存亡的危机。

这些都是相当明显和直接的初始影响。在危机的早期阶段，我们还不明白的是其间接影响超出了普遍的经济衰退。这包括食品短缺、制造业供应链断裂、无力支付球员工资、一级方程式二级车队的崩溃导致了这项运动的消亡，还有许多我们尚未考虑到的其他可能更加严重的影响。

我认为这场大流行最具影响力的后果可能是个人储蓄倾向的增加，这将减缓经济增速。

我在前面提到了通货膨胀卷土重来的可能前景。考虑到需求的低迷状态，这似乎是不可能发生的。但在20世纪60年代中期也是如此，当时，通货膨胀卷土重来并导致接下来15年间大量财富灰飞烟灭。令人感到惊奇的是，这真的有利于政府。这种情况会再次发生吗？毕竟，自由印钞总会带来一些后果。

过去10年尽管实施了大规模量化宽松政策，但通胀并没有重新抬头。然而，这一次可能会发生，原因有二：

1. 在已经流动性泛滥的经济体系中，又投放了更多的货币。

2. 上一次是需求增长乏力，但僵尸企业得以允许继续生存下去，这意味着对供给的影响低于不这么做的情况。这一次，很有可能会出现大量企业破产和部分供应链中断。

起初，我认为通胀很可能在短期内再次出现。我的理由是，随着石油需求的上升，油价会随之大幅上涨，并传导至塑料和化工行业，以及受冲击最严重的经济领域。这些行业将出现供应萎缩：

• 由于航空公司倒闭，航空公司恢复运力的速度缓慢，航空公司的座位将会更加稀缺，至少暂时如此。

• 随着小餐馆甚至一些连锁店的倒闭，餐饮业的产能可能会下降，而外出就餐的需求将恢复到接近危机前的水平（被压抑的需求被较低的负担能力所抵消）。

• 与餐饮业一样，另一个夫妻店行业——酒店也将面临同样的产能削减，最终有能力推高价格。

我们不会出现由成本推动型的通胀，因为劳动力供应充足，也不会出现由需求驱动的通胀。至少在某些领域，可能会出现一种由供应短缺驱动的新形式的通货膨胀。但是通货膨胀的问题是很难让它消失。只要通胀仅局限于有限的几个行业，就应该对股市有利；但如果通胀在中期回归（不是我的主要考虑），那么高于4%的通胀水平将严重影响股票估值倍数。

14.3 企业和股权投资者

修复资产负债表

个人和企业的资产负债表需要修复。这可能会在未来数年拖累经济增长。起初我在想，在我们这个充满关爱的新社会里，奢华的首饰服装是否会变得过时。

我的结论是，疫情后的消费者可能有两种类型。那些富有员工的收入并没有受到影响，尽管他们的储蓄受到了冲击，但是他们的消费需求被压抑。他们可能会立即出门购买大件商品，把厨房用品换成更好的——既然不能在外面吃饭，那就升级厨房。我猜这些都是少数人，自由职业者、临时下岗者和失业者的人数将超过他们，所有这些人都需要减少开支。

即使奢侈品在一定程度上不受影响，大部分低收入人群和中产阶级也会，或感觉会变得更穷。如果股市稳定在较高水平，富人的感觉不会那么糟糕，但许多企业主会遭受损失。如果股市下跌，则会出现逆向的财富效应。

请注意，这将同时影响公司和个人的资产负债表。企业可能在2020—2022年控制资本支出和可自由支配支出。消费者将减少大件商品购买，购买的大件商品则更为便宜。这种现象似乎是不可避免的，尽管我们一开始难以模拟它对企业盈利的影响。不过，我们确实知道收益将低于此前的预期。

在大笔开销中，唯一可能的例外是休闲业，那里将有大量被压抑的度假需求。疲惫不堪的父母需要休假，而这也是许多中产阶级家庭不愿牺牲的一件奢侈品。

巩固资产负债表

毕马威前首席经济学家安德鲁·史密斯（Andrew Smith）在英国开始封锁时告诉我，他"对许多企业的金融储备如此有限感到非常震惊"。考虑到过去40多年来投资者和投机者一直沐浴着利率下降带来的春风，这或许并不令人惊讶。只要你对负债有胃口，你基本上就能赚钱。这种情况在过去10年达到顶峰，出现了一场名副其实的股票回购狂欢。

大流行的一个遗产或许是更加保守和规避风险的文化。董事会可能会采取更为保守的方式——我们刚刚经历的冲击，让即便不那么厌恶风险的董事也感激拥有更多现金和贷款以防万一。董事会可能想要一些安全措施来应对另一场大流行。这对股票投资者而言有两个重要影响：

1. 21世纪头十年，公司一直是股票的最大单一买家——疫情后回购可能变得不那么流行，即使在资产负债表修复之后。

2. 股本收益率（RoE）会因此而下降——即使是在高价时，回购通常也会拉高股本收益率，因为资金一直很便宜。资金仍将便宜，但更保守的资产负债表将是降低股本收益率的一个因素。

正如著名中国问题评论员迈克尔·佩蒂斯（Michael Pettis）在2020年4月的一系列推文中所说：

"当一个经济体经历了多年的房地产和资产价格上涨、债务飙升以及宽松的货币环境时，企业资产负债表往往会以高度投机的方式构建起来，实际上，这是更多"押注"在相同经济条件下——即"倒置的资产负债表"。

随着时间的推移，整个经济转向风险更高的资产负债表。这种情况可能发生在任何地方，特别是中国。中国经历了几十年的人为高增长，房地产价格飙升，过多的流动性和大幅上涨的债务水平，这些改变了几乎所有企业的资产负债表结构。

倒置的资产负债表是高度顺周期的。当经济状况好的时候，那些拥有倒置型资产负债表的经济体和企业会带给人们惊喜，为聪明的管理层带来好名声；而当经济状况逆转时，则会摧毁他们的声誉。"

中国可能还没有看到疫情最终的影响。如果发达市场的投资者寻求更安全的资产负债表，企业将被迫作出回应。

一些投资者甚至在此次危机出现之前就已经开始作出反应

了。2020年2月7日，格兰特利率观察报告（Grant's Interest Rate Observer）的开篇这么说："最低的利率、最通融的美联储、最短的垃圾债券存续期、最高的企业杠杆率和最长的商业扩张期表达了对垃圾债券和可交易的投机级、具有'杠杆贷款'风格的银行债务的价值主张。此时投资的结论是'抓紧你的帽子（坐稳，当心！）'。"

在岸供应链

荷兰国际集团经济学家马克·克莱夫（Mark Clife）表示："企业可能会从'及时'库存减少，转向'预防'库存增加。企业将对单一的供应或需求来源更为谨慎，以便允许拥有更强大的能力转换活动或地点。"显然，这是有相关成本的。

同样，蒂姆·哈福德（Tim Harford）在2020年4月18日的《金融时报》上撰文写道："打赢最后一场战争是非常诱人的：金融危机后，我们在银行建立了储备，但我们没有注意到卫生领域的储备能力。"

及时的供应链和多元化供应链固有的风险已经变得更加明显，企业肯定会希望增加库存，提升供应的多样性，并将更多的生产转移到本土以防疫情再次发生。同样地，这将有双重含义：

1. 生产成本将会上升。

2. 随着库存和营运资金的增加，收益率将下降。

养老金赤字大幅上涨

好消息是，考虑到赤字的增长，政府有巨大的保持低利率的动机，债券就会上涨。但养老金赤字（或许标准普尔500指数或富时100指数样本股公司有养老金盈余，但我已经很久没见过了）是资产和负债两大数字之间的差异：

1. 对股票敞口较大的基金而言，资产规模已大幅下降，而对债券敞口较大的基金而言，降幅较小。大量投资于另类资产的基金可能会发现，如果私募股权投资组合公司在债务重压下倒下，即使不按市值计价也于事无补。

2. 负债大幅上升，因为它们是根据债券收益率折现的，而债券收益率已经暴跌。这意味着大多数上市公司的养老金赤字将大幅增加。这对股票价值的影响是间接的，而且影响不超过100%，但仍然具有潜在的重大影响。我考察了一家英国零售商，如果下一个会计日债券利率下跌2%，那么从理论上讲，该零售商的股票估值将减半。许多拥有大量劳动力的公司因养老金敞口对低利率保持高度敏感性。

释放营运资金

在资产负债表的两端都可能出现营运资金的减少。我观察到一些工业企业在过去10~15年极大地改善了营运资金。但许多公司实现这一点的主要原因是未按时向供应商付款。除非它们的供应链异常强大，否则这些公司将受到增加库存和向供应商加速付款需求的冲击。图14.3显示了伊莱克斯（Electrolux）在过去15年左右的营运资金情况。

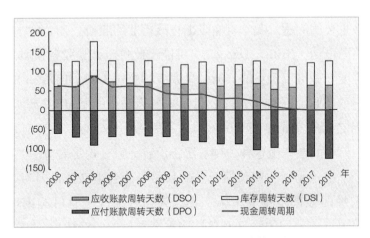

图14.3　伊莱克斯在过去15年前后的营运资金

资料来源："读懂资产负债表"（Behind the Balance Sheet）森提奥数据库（Sentieo Data）。

收款周期（与流动资金挂钩的销售天数）看起来取得了惊人的改善，从15年前的63天，到顶峰时的87天，到现在的即时收款。但看看这是如何实现的——应收账款周转天数一直维持在60天左右。

库存周转天数实际上略有增加，也达到60天左右，而应付账款周转天数则翻了一番，从60天增加到120天左右。

也许，在伊莱克斯对其客户如此慷慨之后，它的供应商都是财务健康的公司。但我对此表示怀疑。相反，我怀疑它的许多供应商都将受到封锁的重大影响。除非伊莱克斯不但支付账单，而且提前支付，否则，供应商可能无法供货——这意味着伊莱克斯可能会出现大规模的流动资金流出。这一切都在假设房屋建筑商都在建造房屋，或者房主都在重新装修，并进行大额的支出的前提下才能发生。

我虽然单独提出了伊莱克斯，但这也适用于任何一家有此类财务操作的上市工业企业（剧透——这并不罕见）。

收入型基金情况如何

对许多公司来说，他们的首要任务是重建资产负债表。股息的问题退居其次。对于那些接受政府救助的公司，在偿还债务之前可能会限制或禁止派息。收入型基金经理的选择范围将会越来越窄。对于许多英国养老金领取者（更不用说基金经理了）而言，这是一个相当重要的问题。我一直主张出售该行业的股份。

英国电信（British Telecom）可能借此机会调整股息预期，这在一定程度上是可以预见的。荷兰皇家壳牌公司（Royal Dutch Shell）的情况就不那么乐观了，该公司曾被视为派息的坚定支持者，许多人认为它的股息是富时100指数成分股中最安全的。当它削减股息时，人们可能会产生这样一种看法：没有一家公司是安全的。

一个推论是，一些长期派息的公司可能会被高估，因为这些基金可选择的股票范围变窄了。我认为这种情况更有可能出现在美国。美国上市公司的股息通常是按季度支付的，疫情后公司可能会放弃回购，但会继续支付股息（通常会少一些）。苹果和微软等股票在很长一段时间内都表现强劲，但强生（Johnson & Johnson）和宝洁（Procter & Gamble）等公司的股票表现就不那么好了。这四家公司一直都在分红，它们将再次引起关注，因为对于收益型投资者来说，他们可能认为这类股票比一些传统的分红股票更加安全。

"侵吞的公款"与大重置

约翰·肯尼思·加尔布雷斯（John Kenneth Galbraith）在其出版的《1929年大崩溃》（*The Great Crash, 1929*）一书中创造了"侵吞的公款"一词。

"从很多方面来看，危机对侵吞公款的影响比对自杀的影响更大。对经济学家来说，侵吞公款是最有趣的犯罪。在各种形式的盗窃中，它有一个时间参数。从实施犯罪到发现犯罪可能要经过数周、数月甚至数年（在这个时期，奇怪的是，侵吞公款的人获得了好处，而被侵吞公款的人却没有感觉到有所损失。所以精神财富是净增加的）。在任何时候，企业和银行都存在着未被发现的侵吞公款现象——或者更准确地说，公款已经不在企业和银行了。侵吞公款的收益在任何时候都可能达到数百万美元。它的规模随着经济周期而发生变化。在经济繁荣时期，人们相对放松，彼此信任，资金充裕。虽然资金充裕，但总有人需要的更多。在这种情况下，侵吞公款的比率上升，被发现的比率下降，侵吞公款的金额快速增加。在萧条时期，这一切都是相反的。人们紧盯着钱。管理钱的人被认为是不诚实的，直到他自证清白。同时，审计细致入微，商业道德得到极大改善，被侵吞的公款金额有所减少。"

从2019年到2020年，我一直在训诫有太多公司在做假账。这也是"侵吞的公款"的一种形式。

图14.4显示标准普尔500指数公司的经营利润率和国民收入以及生产账户（NIPA）利润率［即经过存货价值调整（IVA）和资本消费调整（CCAdj）的企业税后利润/名义GDP——译者注］之间的差距。标准普尔500指数公司的利润率数据一直在直线上升，而GDP利润率却一直在稳步下降，这和20世纪90年代末发生的事情如出一辙，它表明两个利润率都得到了支撑。此后当标准普尔500指数公司的利润率下跌到GDP利润率水平的时候，两者的背离才得到修正，以后这种情况还会再次发生。一些技术原因可以解释为什么标普500

指数公司的利润率高一些，但不会高到这种程度。

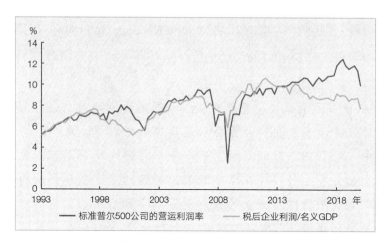

图14.4　标准普尔500公司的经营利润率和税后利润率

资料来源：Yardeni.com（财经数据提供商Refinitiv的IBES数据）；经过存货价值调整
（IVA）和资本消费调整（CCAdj）的企业税后利润数据来自美国经济分析局
（Bureau of Economic Analysis）。

现在，新冠病毒为财务主管们提供了一次大规模重置的机会。企业盈利将被重新设定，大流行将成为借口。

即使新冠病毒不会产生持久的影响，绝大多数上市公司的收益也将被下调。这些年来，他们一直在为扩大盈利的弹性而努力；如今，他们有机会让自己的财务账簿恢复正常。即使在考虑病毒的影响因素之前，盈利预测也会下降。

关于公司利润的最后一点是，我们可以将目前所经历的经济暂停与2011年的日本地震进行类比，这堪称最恰当的类比。日本的很多行业花了很长时间才重启供应链并恢复正常。有人认为，中国现在已经接近这种情况，但其他经济体则可能需要花费更长的时间。

小结

我承认，我不知道市场最终会走向何方。在此次危机开始时，即使是对一家企业进行预测也非常困难——比我（漫长的）职业生涯中的任何时候都要困难。它好比在"9·11"事件发生后我对航空公司股票的研究。好消息是，我当时在市场上看到了很多非常好的多头和空头机会。但是这样的机会不会自己冒出来。

无论如何，气候变化、人口老龄化和新兴中产阶级的出现等结构性趋势将延续进行下去。

但我们也可能会看到意想不到的影响。例如，在20世纪30年代经济大萧条期间，美国冰淇淋的销量暴跌了44%，如图14.5所示。过了7年才回到1930年的高点，又花了4年才创新高。

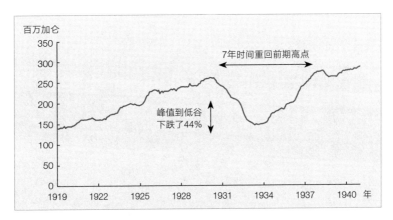

图14.5　美国的冰淇淋生产

资料来源：圣路易斯联储经济数据（FRED）。

然而，正如我们现在知道的，不可能发生的事情也发生了。有谁能想到远期石油会以负价格交易呢？

从这篇后记中得出的唯一结论是，你应该评估你的投资组合应对各种可能性的适应能力。概率可能很低，但请注意正态分布左尾的极端事件可能造成的影响。分析师团队应该坐下来，集思广益，思考他们认为可能发生的事情，发生的概率有多大，并评估其对投资组合的影响。

举一个简单的例子：让我们假设现在是1965年的某个时间，我们看到通胀回归。1982年利率达到15%。现在的利率虽然可能达不到这个量级，尤其是从实际上为零的利率水平开始上升。但如果利率在2030年或2035年达到10%，你的投资组合会发生什么改变？大多数年轻的投资者可能都无法设想一个利率为15%的世界。思考不可思议的事情是我试图从这场危机中汲取的教训之一。

本书在此结尾是再好不过的了。

 **致谢**

　　没有任何一本书是凭一己之力写出来的，在这本书漫长的酝酿过程中，我得到了许多有力的帮助和支持。如果不是马修·古德曼（Matthew Goodman）在梅菲尔区（Mayfair）的塞科尼餐厅（Cecconi）吃早餐时鼓励我写这本书，你可能看不到本书。然后，他把我介绍给出版经纪人罗伯特·达德利（Robert Dudley），后者对此书的兴趣说服了我坚持下来。我要特别感谢哈里曼出版社（Harriman House）的责任编辑克雷格·皮尔斯（Craig Pearce），他看到了本书的潜力，出色地完成了编辑工作。

　　我也要感谢哈里曼出版社和蜂鸣器（Buzzbar）①网站的整个团队，尤其是安娜·唐尼（Anna Downey），她凭借其营销才华塑造了本书的呈现方式。约瑟夫（Joseph）是我的培训业务"读懂资产负债表"的内部文案高手，他毫不费力地想出了本书的书名——干得漂亮！

　　安德鲁·史密斯（Andrew Smith）是我多年的密友和知己，他阅读了本书的初稿并提出了建设性的意见，多米尼克·奥康奈尔（Dominic O'Connell）和马古尔·安萨里（Mahgul Ansari）也是如此——我衷心感谢他们所有人。

---

① Buzzbar是一个数字营销服务平台，为企业、机构和自由职业者提供数字营销、设计和网站服务。——译者注

如果没有那些在我的职业生涯中给予我很大帮助的人，我就不会写出这本书。这样的人实在数不胜数，无法一一列举，但我应该特别提一下罗伊·丹斯克（Roy Dantzic），他建议我从事分析师的职业；鲍勃·考威尔（Bob Cowell），他给了我第一份工作，他是一位出色的老师；还有约翰·霍姆斯（John Holmes），他给了我一个机会，从那以后我们一直是好朋友。凯斯·希斯科克（Keith Hiscock）也是如此——我们曾多次合作，现在也在一起工作。

我必须特别感谢马丁·休斯（Martin Hughes），他在托斯卡基金（Toscafund）为我创设了一个职位。这是我从事过的最棒的工作——与其他工作相比，我在这里学到了更多的技能，学得也更快。我同样要感谢阿尔蒂玛合伙人公司（Altima Partners）前首席执行官约翰·韦伯斯特（John Webster）和维斯特拉财富基金（Vestra Wealth）创始人大卫·斯科特（David Scott），我就是在这家财富管理基金公司自学了质量投资。我还要特别感谢拉塞尔·纳皮尔（Russell Napier），他早期的帮助和鼓励成就了我今天培训业务的成功。

我还应该承认我对已故父母的亏欠，如果他们看到儿子的名字出现在一本书的封面上，一定会感到骄傲（虽然他们不理解其中的内容，但他们也不会在意）。最后，我要感谢我的妻子朱莉（Julie），还有我的儿子马克斯（Max）和芬恩（Finn），多亏了他们，我才有时间把自己关在书房里潜心写作。